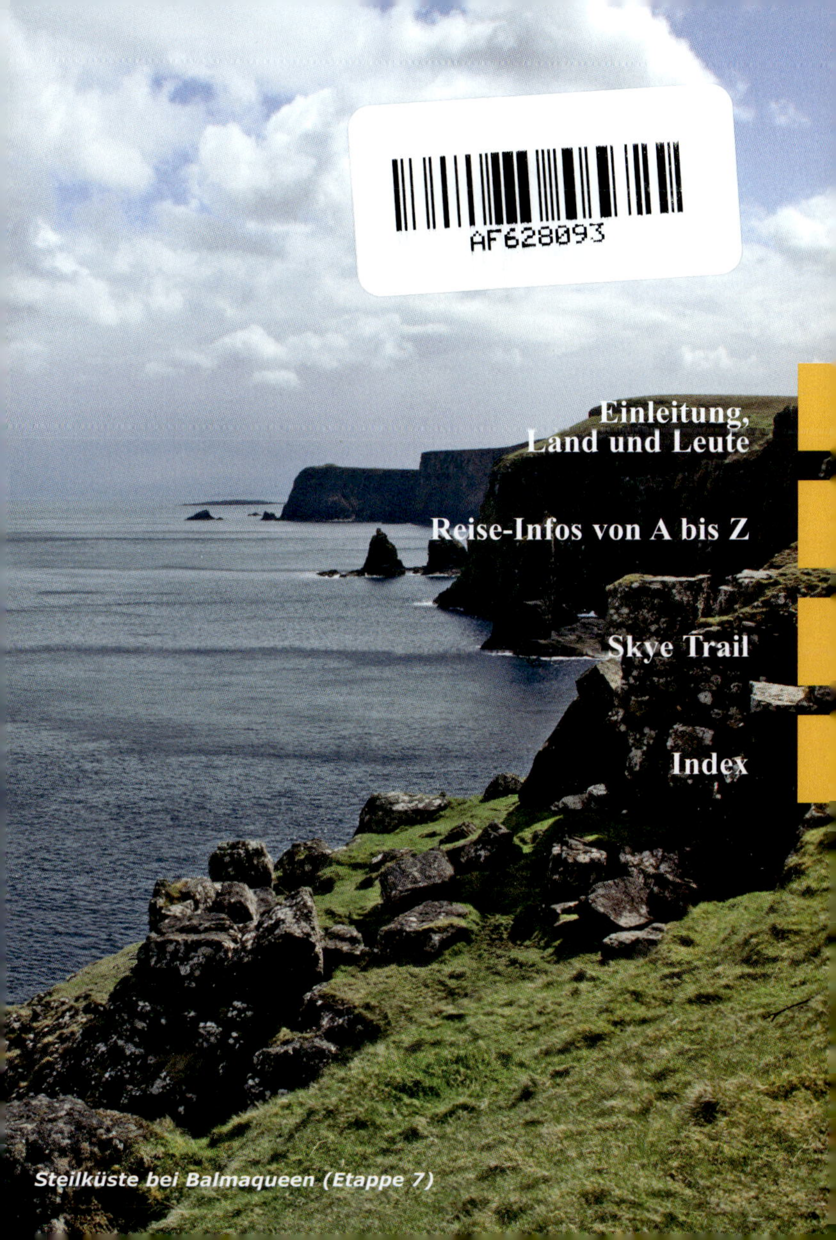

Steilküste bei Balmaqueen (Etappe 7)

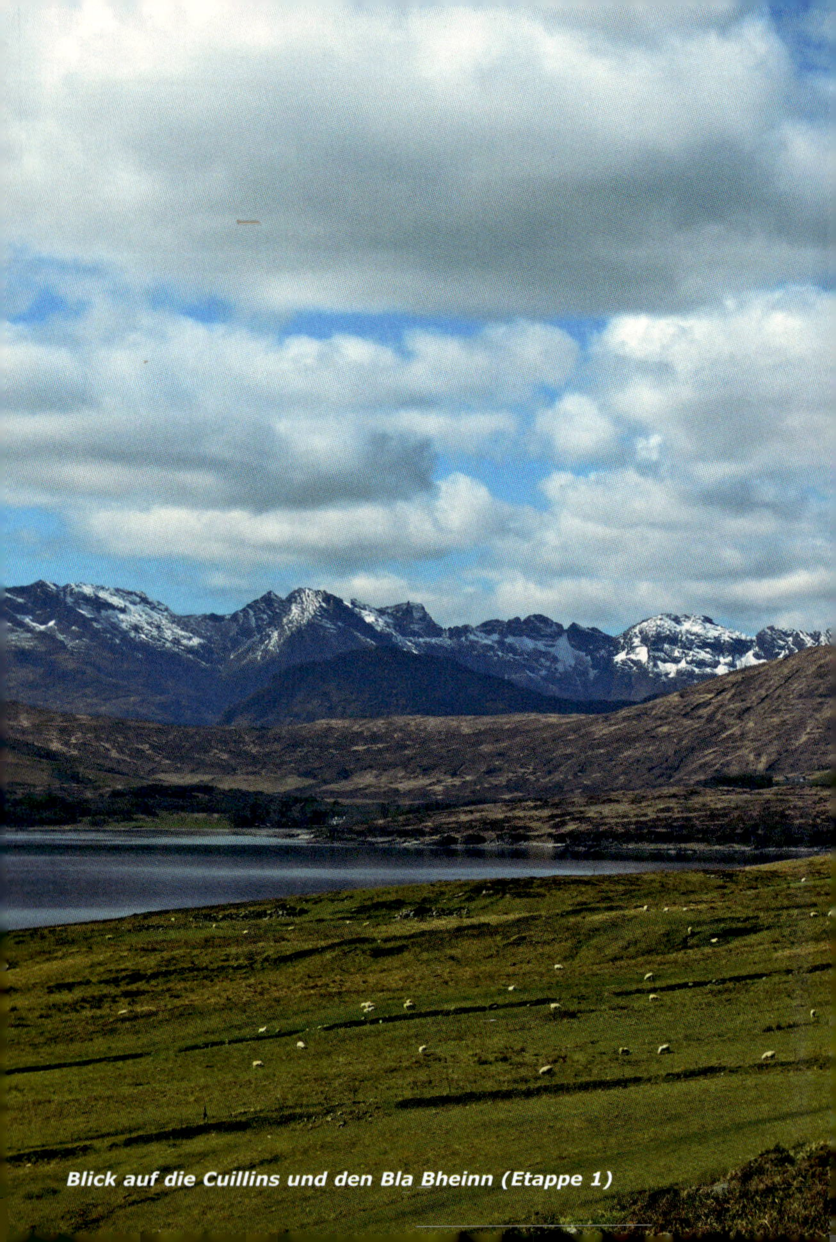

Blick auf die Cuillins und den Bla Bheinn (Etappe 1)

Band 471

OutdoorHandbuch

Mareike Massel-Zöbisch

Schottland: Skye Trail

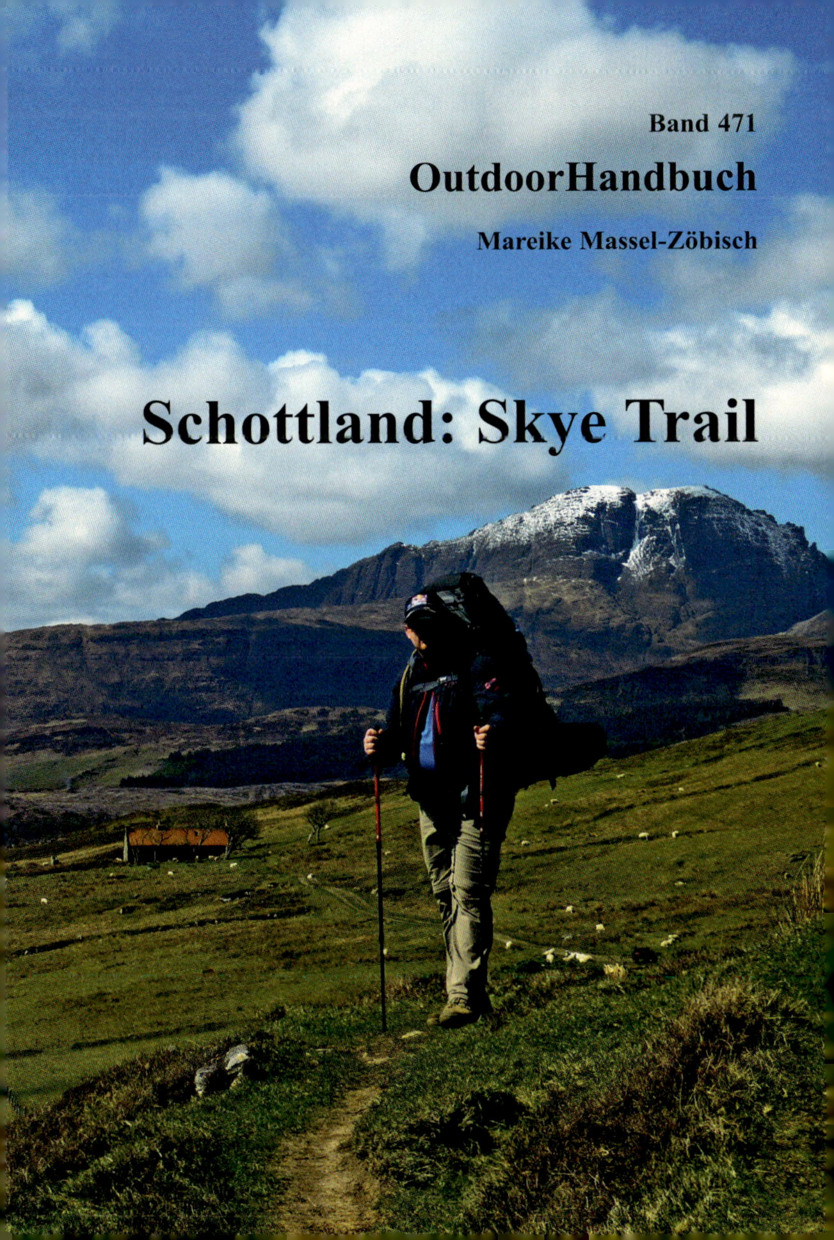

Schottland: Skye Trail

Der Autorin und der Verlag sind für Lesertipps und Verbesserungen (besonders per E-Mail) unter Angabe der Auflagen- und Seitennummer dankbar.

Dieses OutdoorHandbuch hat 96 Seiten mit 42 farbigen Abbildungen sowie 10 farbigen Kartenskizzen im Maßstab 1:75.000, 9 farbigen Höhenprofilen und einer farbigen, ausklappbaren Übersichtskarte. Es wurde auf chlorfrei gebleichtem Papier gedruckt, in Deutschland klimaneutral hergestellt und transportiert und wegen der größeren Strapazierfähigkeit mit PUR-Kleber gebunden.

Klimaneutral
Druckprodukt
ClimatePartner.com/53106-2205-1001

OutdoorHandbuch Band 471

ISBN 978-3-86686-682-9 1. Auflage 2022

Text und Fotos: Mareike Massel-Zöbisch
Lektorat: Ricarda Kuschma
Layout und Karten: Manuela Dastig

Gesamtherstellung: AZ Druck und Datentechnik GmbH, Kempten

Dieses OutdoorHandbuch wurde konzipiert und redaktionell erstellt vom:

Conrad Stein Verlag GmbH, Kiefernstr. 6,
59514 Welver, ☏ 023 84/96 39 12,
info@conrad-stein-verlag.de,
www.conrad-stein-verlag.de

Besuchen Sie uns bei Facebook & Instagram:

www.facebook.com/outdoorverlag

www.instagram.com/outdoorverlag

Titelfoto: Trampelpfade entlang der Steilküste (Etappe 5)

Inhalt

☺ Eine **Übersichtskarte** des Weges, **Autorenprofil** sowie eine Liste aller verwendeten **Symbole** in diesem Buch finden Sie auf den vorderen und hinteren Umschlagseiten bzw. -klappen.

Einleitung

Die Isle of Skye vereint viele der typischen Landschaften der schottischen Highlands: sanfte Hügel, raue Berge, Wasserfälle, Steilküsten, Strände, beeindruckende Felsformationen und malerische Seen. Dazu kommen mystische Ruinen, interessante Burgen, geschichtsträchtige Orte und Restaurants mit leckerem Essen, die den Urlaub auf Skye zu einer kompletten schottischen Erfahrung machen.

Bei Touristinnen und Touristen wegen der bekannten Sehenswürdigkeiten wie dem Old Man of Storr oder dem Quiraing beliebt, lohnt sich Skye also auf jeden Fall für länger als nur für einen Zwischenstopp auf einer Reise durch die schottischen Highlands.

Eine Möglichkeit, die touristischen Highlights, aber auch die ruhigeren Winkel der sogenannten Insel des Nebels zu erkunden, ist der Skye Trail, der sich auf ca. 124 km von Süden nach Norden über die Insel zieht. Mit Portree, Sligachan und Elgol führt der Trail durch einige der schönsten Ortschaften der Insel, aber mit dem Old Man of Storr, dem Quiraing, der Trotternish Ridge und der Camasunary Bay im Schatten der Cuillin Mountains liegen auch die landschaftlichen Highlights am Weg. Der Skye Trail endet am nördlichsten Punkt der Insel mit einer spektakulären Aussicht, die bei gutem Wetter bis zu den Äußeren Hebriden reicht.

Der Skye Trail ist jedoch kein offizieller markierter Wanderweg, sondern eine freie Route, die zum Teil über bestehende Wanderwege, aber manchmal auch weglos über die Insel führt. Daher ist der Skye Trail für erfahrene Wanderinnen und Wanderer gedacht. Dies spiegelt sich auch in der Unterkunfts- und Verpflegungssituation wider. Nicht an allen Etappenenden gibt es Unterkünfte oder Einkehrmöglichkeiten. Eine Wanderung mit Zelt bietet wesentlich mehr Flexibilität als eine Wanderung mit festen Unterkünften und wird durch die legale Möglichkeit, wild zu campen, zu einem ganz besonderen Abenteuer.

Die Einteilung der Etappen in diesem Wanderführer orientiert sich jedoch an den Ortschaften, sodass Sie jeweils am Etappenende Unterkünfte oder zumindest eine Bushaltestelle finden.

In Duntulm am Ende des Skye Trail fährt der Bus lediglich montags bis samstags. Sie sollten die Wanderung nach Möglichkeit also nicht an einem Sonntag beenden

Die Etappen können natürlich auch anders geplant werden, besonders gut geeignete Zeltplätze werden im Text jeweils genannt.

Land und Leute

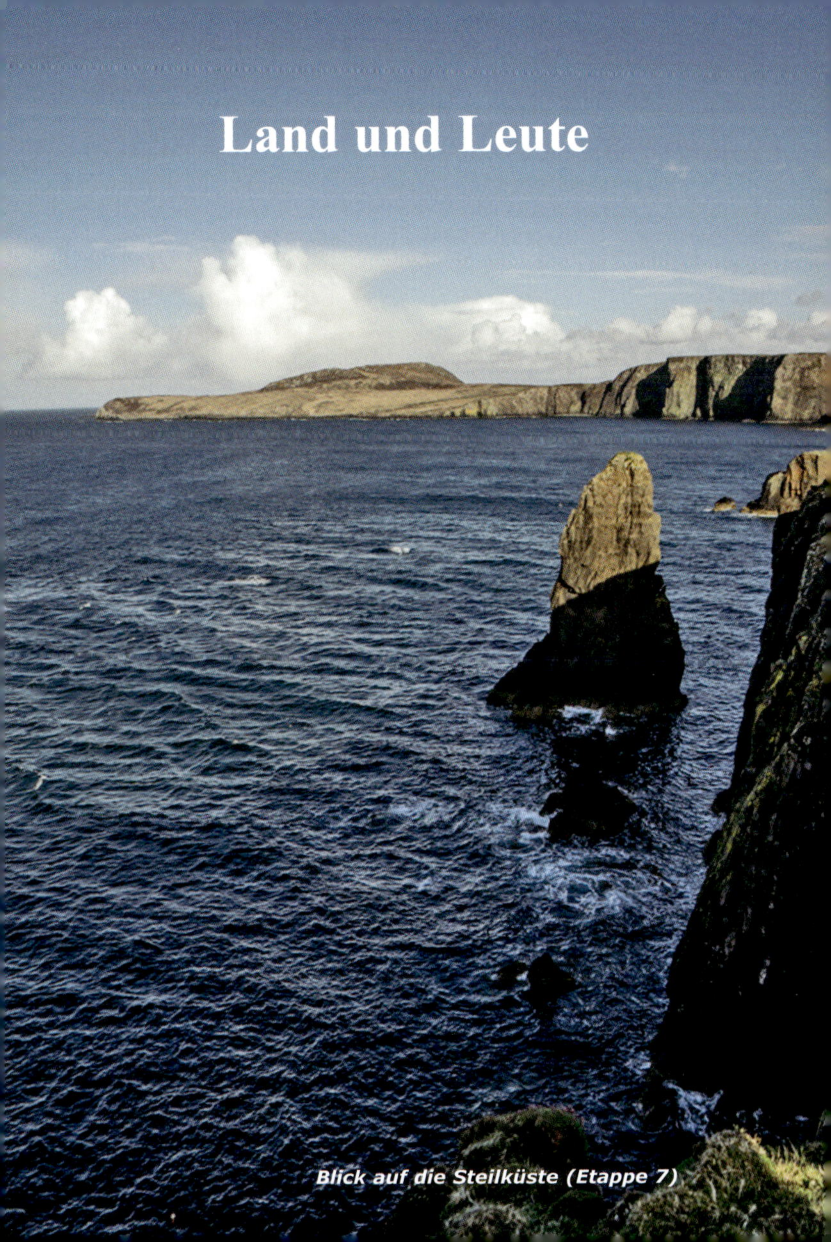

Blick auf die Steilküste (Etappe 7)

Bevölkerung

In Schottland leben insgesamt ca. 5,5 Millionen Menschen. Ca. 70 % der Bevölkerung lebt dabei im sogenannten Central Belt, der Gegend rund um Glasgow und Edinburgh. Die durchschnittliche Bevölkerungsdichte von ca. 68 Einwohnerinnen und Einwohnern pro Quadratkilometer ist also ziemlich ungleich verteilt und insbesondere in den Highlands und auf den Hebriden mit ca. 9 Einwohnerinnen und Einwohnern pro Quadratkilometer deutlich geringer. Auf der Isle of Skye ist die Bevölkerungsdichte noch etwas geringer, es leben ca. 12.000 Menschen auf der Insel.

Auch wenn am Anfang gerade dieser Umstand der im Verhältnis zu z. B. Deutschland „menschenleeren" Wildnis für mich einer der Hauptgründe war, nach Schottland zu reisen, so habe ich das schottische Volk doch schnell ins Herz geschlossen.

Ganz grundsätzlich habe ich die Menschen aus Schottland als extrem gastfreundlich, höflich, sehr hilfsbereit und aufgeschlossen erlebt. Dabei sind sie sehr stolz auf ihr Land und ihre Kultur und zeigen dies zum Beispiel mit dem Kilt zu besonderen Anlässen. Auch der Dudelsack wird durchaus mit Stolz gespielt, oft allerdings schon als Touristenattraktion. Nichtsdestotrotz ist die schottische Kultur mit den gälischen Wurzeln tief in der Bevölkerung verankert, was man in Gesprächen, bei Besuchen von Pubs oder auch den typischen Highlandgames und anderen Veranstaltungen deutlich merkt.

Flora und Fauna

Ursprünglich war Schottland mit den für den europäischen Nordwesten typischen borealen Nadelwäldern dicht bewaldet. Dieser kaledonische Wald, der damals aufgrund der Nähe zum Atlantik mit vielen Laubbäumen gespickt war, wurde jedoch zum großen Teil abgeholzt. Die heutigen Wälder Schottlands, die ca. 14 % der schottischen Landschaft bedecken, sind zum großen Teil durch Aufforstung für die Forstwirtschaft entstanden und daher oft Monokulturen. Ein paar Erinnerungen an den „Urwald" gibt es aber doch noch hin und wieder. Hier finden Sie auch eine große Vielfalt an heimischen Flechten, Moosen und Farnen, die gut an die herrschenden Bedingungen angepasst und zum Teil sogar endemisch sind und somit nur hier in Schottland vorkommen.

Bekannter ist Schottland allerdings für die weitläufigen Moor- und Torflandschaften, die zusammen mit den rauen Heideflächen ungefähr 17 % der Fläche bedecken. Diese Landschaften wirken oft karg und etwas lebensfeindlich, bieten aber vielen verschiedenen Tier- und Pflanzenarten einen Lebensraum. Von in Europa selten gewordenen Vögeln wie dem Moorhuhn und dem Auerhahn bis hin zu Säugetieren wie dem Fuchs, Dachs, Hasen und der Wildkatze sind hier erstaunlich viele Arten heimisch. Das größte Landsäugetier in Schottland ist heutzutage der Rothirsch, der sogar in ziemlich großen Populationen vorkommt. Aufgrund der Nähe zum Meer, der über 18.700 km langen Küstenlinie und des Süßwasserreichtums des Festlandes finden auch viele Fischarten und Meeressäuger sowie Seevögel hier ein Zuhause. Insbesondere um die Inseln der Westküste herum ist das Meer extrem artenreich. Neben Delfinen, Zwergwalen und Orcas tauchen auch Riesenhaie immer mal wieder auf. Auf einigen der vorgelagerten Inseln brüten Papageitaucher und Basstölpel, See- und Steinadler wurden wieder angesiedelt und auch weitere (Meeres)säuger wie Robben und Otter sind regelmäßig zu beobachten.

Rothirsch

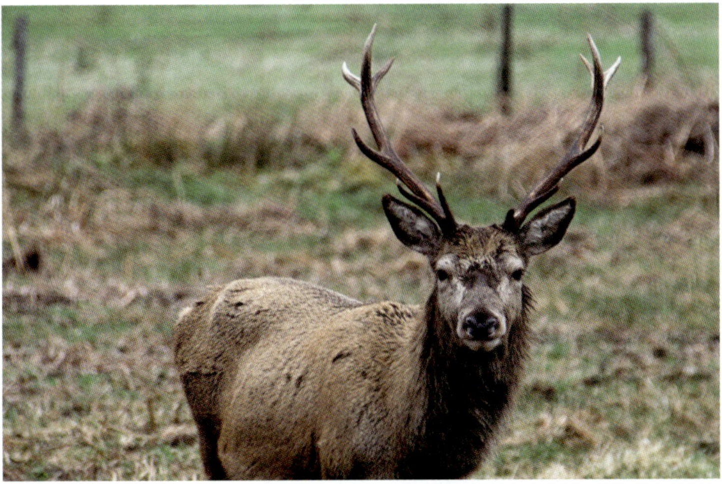

Da die urbanen Flächen nur 3 % ausmachen, bleibt in Schottland viel Platz für die Landwirtschaft, die allerdings gerade in den Highlands und auf den Hebriden oft aus extensiver Viehzucht besteht. Hier ist es keine Seltenheit, durch eine Schaf- oder auch Rinderherde zu wandern, die meist ganzjährig auf den kargen, dafür umso größeren Weiden leben. Insbesondere die typischen Highlandrinder sind gut für die hier herrschenden klimatischen Bedingungen geeignet und fügen sich sehr harmonisch in die raue Landschaft ein.

Geographie

Schottland ist der nördlichste Teil von Großbritannien, umfasst ca. 79.000 Quadratkilometer und grenzt im Süden an England. Ansonsten ist es von der Irischen See, dem Atlantik und der Nordsee umgeben. Mit seinen Buchten und Inseln hat es eine Küstenlinie von über 18.700 km und vereint so eine Vielzahl an Landschaften miteinander. Ein Großteil Schottlands besteht aus rauem Bergland, das insbesondere in den Highlands im Norden des Landes mit über 300 Erhebungen die Landschaft prägt. Dabei sind die Berge, Täler und Seen (Lochs) durch die letzte Eiszeit geformt worden und entsprechend abgerundet ist meist das Erscheinungsbild der Berge. Durch die Höhenlage und die kargen Böden wird hier die Landwirtschaft erschwert, während es südlich in den Central Lowlands rund um Edinburgh und Glasgow besseres Ackerland gibt. Südlich der Central Lowlands liegen noch die Southern Uplands, eine eher sanfte Berggegend, die sich bis nach England hineinzieht.

Schottland ist durchzogen von Flüssen und Seen, den sogenannten Lochs, wobei die größten Flüsse im Süden des Landes fließen. Der größte See, Loch Lomond und der bekannteste See Loch Ness liegen in den Highlands. Loch Ness ist dabei einer der Seen im Great Glen, welches die Highlands in zwei Teile teilt. Anfang des 19. Jahrhunderts wurden diese Seen zum Caledonian Canal verbunden, der die Nordsee mit dem Atlantik verbindet.

Die Berge in Schottland werden je nach Höhe in unterschiedliche Kategorien eingeteilt. Die bekannteste und höchste Bergkategorie ist die der Munros, die nach Sir Hugh T. Munro benannt wurde. Dieser hat im 19. Jahrhundert die Berge Schottlands vermessen und katalogisiert. Munros sind mindestens 3.000 Fuß hoch (das entspricht etwa 914 m) und haben einen einigermaßen klar erkennbaren eigenständigen Gipfel. Es gibt ca. 280 Gipfel, die beim bekannten *Munro-Bagging* „gesammelt“ werden. Der höchste ist mit 1.343 m der Ben Nevis, gleichzeitig der höchste Berg Großbritanniens.

Zu Schottland gehören drei Inselgruppen, die insgesamt aus 790 Inseln bestehen. Davon sind allerdings nur 130 Inseln bewohnt. Im Norden liegen die Orkneys und die Shetland-Inseln und im Westen liegen die Äußeren und Inneren Hebriden. Die größte der Inneren Hebriden ist die Isle of Skye mit ca. 1.656

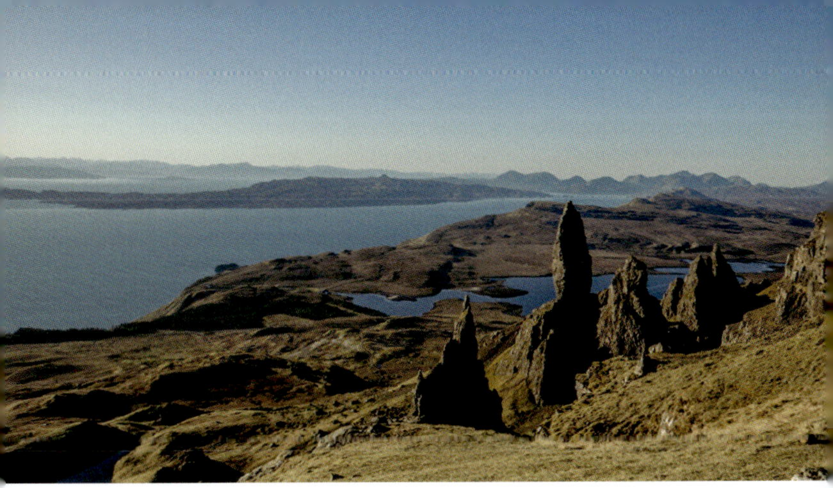

Old Man of Storr

Quadratkilometern und einer Nord-Südausdehnung von 80 km. Die Insel ist durch die zerklüftete Küstenlinie in viele Halbinseln aufgeteilt. Die höchste Erhebung ist der Sgurr Alasdair mit 993 m in den Black Cuillins.

Kurze (und stark vereinfachte) Geschichte Schottlands

In Schottland gibt es noch heute viele Andenken an eine sagenumwobene Geschichte. Mystische Steinkreise, alte Gemäuer und lebendige Folklore machen die Erkundung Schottlands nicht nur zu einem landschaftlichen Spektakel, sondern wecken auch die Neugier auf die längst vergangenen Zeiten. Da Sie auf einer Wanderung durch Schottland nicht an der Historie des Landes vorbeikommen, folgt hier ein kurzer und stark zusammengefasster Abriss der turbulenten Vergangenheit.

Die ersten Bewohnerinnen und Bewohner Schottlands, die nach der letzten Eiszeit ca. 8000 v. Chr. das Land besiedelten, waren vermutlich keltischen Ursprungs. Viel ist aus dieser Zeit nicht überliefert, aber ihre Spuren zeigen sich unter anderem in *Standing Stones* und anderen archäologischen Besonderheiten. In der Bronze- und Eisenzeit bildeten die unterschiedlichen Stämme kleine Königreiche, die meist um befestigte Siedlungen herum entstanden. Als die Römer ca. 82 v. Chr. versuchten, das Land einzunehmen, sahen sie sich den Pikten gegenüber, die sie zwar besiegten, deren Land sie aber nicht einnehmen konnten. Der

Hadrians Wall im Norden Englands entstand als Verteidigungsmauer. Als die Römer ca. 400 Jahre n. Chr. wieder abzogen, gab es in Schottland vier Völker: die Pikten, die Britonen, die Angelsachsen und die Skoten, die jeweils ein eigenes Königreich besaßen. Durch die Christianisierung, die der Missionar St. Columba ab ca. 563 n. Chr. von der Insel Iona aus startete, näherten sich die unterschiedlichen Völker einander an. 843 n. Chr. vereinten sich die Pikten mit den Skoten (nach einer verlorenen Schlacht) unter einem gemeinsamen König, das Königreich nannten sie Scotia. Um den bald darauf einsetzenden Überfällen der Wikinger mehr entgegensetzen zu können, schlossen sich die Britonen dem Königreich an. Nachdem die Angelsachsen 1018 n. Chr. durch die Schotten geschlagen wurden, wurde Schottland zu einem vereinten – wirklich vereinten – Königreich.

Über die nächsten Jahrhunderte wurde der englische Einfluss auf das schottische Königreich durch entsprechende Heiraten immer größer und die zuvor vorherrschende gälische Kultur wurde im Süden zusehends zurückgedrängt. Im Norden Schottlands etablierte sich im Gegensatz dazu jedoch das Clansystem. Der herrschende König Alexander III. starb schließlich 1286 n. Chr. und hinterließ lediglich eine Tochter, die vier Jahre später ebenfalls verstarb. Dadurch gab es eine Reihe von möglichen Thronanwärtern, sodass Edward I. von England Einfluss darauf nehmen konnte, wer der nächste König von Schottland werden würde. Er nutzte seinen Einfluss, um den König und die Unabhängigkeit Schottlands zu schwächen, und es gelang ihm, 1296 n. Chr. mit einer Invasion Schottland schließlich komplett zu erobern. Als Widerstand gegen die dann folgende Unterdrückung gab es unter William Wallace eine Rebellion, die nach dessen Tod unter Robert the Bruce fortgeführt wurde und 1314 n. Chr. im berühmten Battle of Bannockburn gipfelte. Hier siegten die Schotten überraschend und gewannen so ihre Unabhängigkeit zurück.

1371 n. Chr. begann dann die Herrschaft der Stuarts, die die nächsten 300 Jahre über Schottland herrschen sollten. Während dieser Zeit wurde Schottland protestantisch. Als der schottische König James VI. den englischen Thron erbte, zog er nach London. Während Schottland zwar unabhängig blieb, wurde es wirtschaftlich durch die Übermacht Englands immer schwächer, sodass es Bestrebungen gab, sich mit England zu vereinen. Nachdem James VII. schließlich abgesetzt worden war und nach Frankreich floh, wurde diese Vereinigung 1707 n. Chr. mit dem Act of Union Realität.

1745 n. Chr. setzte dann der letzte und bekannteste der Stuarts, Bonnie Prince Charlie, von Frankreich nach Schottland über, wo er mit der Unterstützung einiger Clanchiefs (Jakobiten genannt) versuchte, den Thron von Schottland und die Unabhängigkeit wieder zu erlangen. Zunächst war das Unterfangen der Jakobiten von Erfolg gekrönt, im berühmten Battle of Culloden wurden sie dann jedoch vernichtend geschlagen.

Diese Schlacht leitete einen Wandel ein, der die Kultur der Highlands stark zurückdrängen sollte. Das Clansystem war praktisch komplett vernichtet, es durften keine Waffen und auch kein Tartan (traditionelle Karomuster, die ab dem 16. Jahrhundert bestimmten Clans zugeordnet wurden) mehr getragen werden, die schottische Identität sollte möglichst unterdrückt werden. Diese gravierenden Einschnitte führten unter anderem zu den Highland Clearances (☞ S. 45) und entvölkerten große Teile der Highlands.

Im Süden ging es jedoch wirtschaftlich bergauf und mit der Industriellen Revolution wurde Glasgow zum Herzen Schottlands. Nach dem Union Act, der 1800 n. Chr. das Vereinigte Königreich schuf, wurde Westminster zum politischen Zentrum, weit weg von Schottland. Die Schotten fühlten sich zunehmend benachteiligt und gründeten 1934 die Scottish National Party. Nachdem Ölquellen in der Nordsee zu mehr wirtschaftlicher Macht verhalfen, wuchs das Bestreben nach Unabhängigkeit erneut. Nach einem entsprechenden Referendum im englischen Parlament wurde das schottische Parlament 1997 in Edinburgh wieder eingesetzt. Ein weiteres Referendum zur Unabhängigkeit von Schottland wurde 2014 jedoch mit 55,3 % der Wählerschaft abgelehnt.

Reise-Infos von A bis Z

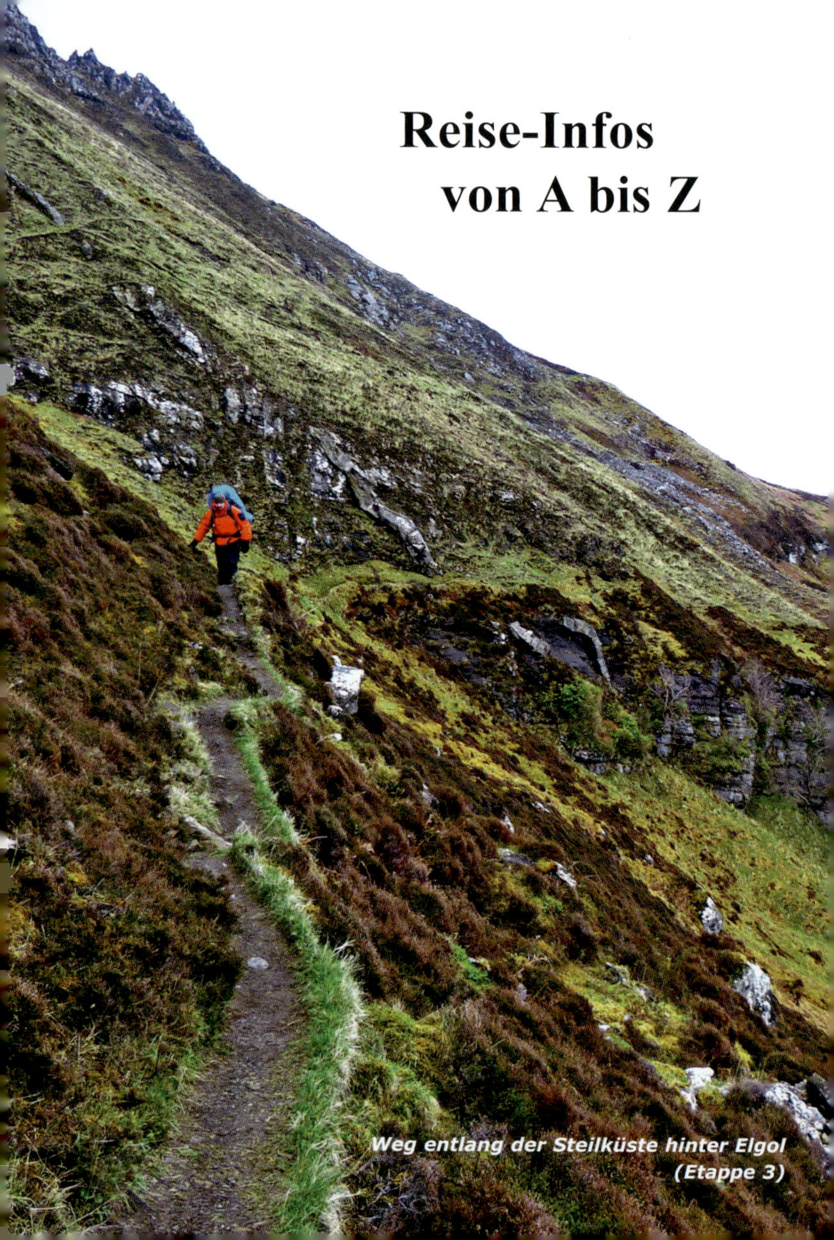

Weg entlang der Steilküste hinter Elgol (Etappe 3)

An- und Abreise

Flüge

Die An- und Abreise aus Deutschland, Österreich und der Schweiz kann gut mit dem Flugzeug stattfinden. Allerdings müssen dann noch längere Strecken mit Bussen oder einem Mietwagen zurückgelegt werden.

Die nächstgelegenen Flughäfen zur Isle of Skye sind Glasgow oder Inverness, aber auch die Anreise über Edinburgh ist angenehm. Hierhin gibt es von vielen Flughäfen in Deutschland, Österreich oder der Schweiz Direktflüge mit Eurowings. Aber auch Lufthansa, easyJet, Ryanair und von Zürich aus die Edelweiss Air bieten Direktflüge nach Edinburgh an. Wer nach Glasgow fliegen möchte, kann mit Lufthansa ab Frankfurt und mit easyJet ab Berlin ohne Umsteigen fliegen.

Darüber hinaus gibt es mit KLM über Amsterdam oder mit British Airways über London Heathrow und London Stansted ebenfalls sehr gute Verbindungen ab fast jedem Flughafen in Deutschland, Österreich oder der Schweiz nach Edinburgh, Glasgow und Inverness.

- British Airways, www.britishairways.com
- Deutsche Lufthansa, www.lufthansa.com
- easyJet, www.easyjet.com
- Edelweiss Air, www.flyedelweiss.com
- Eurowings, www.eurowings.com
- Ryanair, https://www.ryanair.com/de/de
- KLM, www.klm.de

Bei der Anreise mit dem Flugzeug sollten Sie beachten, dass große Wanderrucksäcke häufig als Sperrgepäck aufgegeben werden müssen. Sie sollten möglichst keine Gegenstände außerhalb des Rucksackes befestigt haben, sondern alles möglichst im Rucksack verstauen. Es gibt auch praktische Transportsäcke für die Rucksäcke, die verhindern, dass sich einzelne Riemen und Schnallen des Rucksackes verhaken und beim Transport durch die Airlines beschädigt werden.

Wenn Sie planen, einen Kocher mitzunehmen, denken Sie daran, dass Sie die Gaskartuschen nicht im Flugzeug transportieren dürfen und Sie diese vor Ort kaufen müssen.

Bahn

Die Anreise per Bahn aus Deutschland, Österreich oder der Schweiz ist grundsätzlich möglich, aber langwierig und relativ kompliziert. Sie werden mehrmals umsteigen müssen und es kann 24 Std. oder länger dauern. Eine der schnellsten Verbindungen wird der Eurostar sein, der von Amsterdam in ca. 4 Std. 30 Min. und von Brüssel in ca. 2 Std. nach London fährt. Von hier gibt es dann Zugverbindungen mit dem Caledonian Sleeper nach Schottland, z. B. nach Inverness, Fort William, Glasgow oder Edinburgh. Wie der Name schon sagt, sind das Nachtzüge, die Fahrzeiten betragen zwischen 7 Std. 30 Min. und 12 Std. 30 Min. Einmal in Schottland angekommen ist der Bahnhof in Kyle of Lochalsh der nächstgelegene Bahnhof zur Isle of Skye. Dieser ist am besten mit der Scotsrail ab Inverness zu erreichen (ca. 2 Std. 30 Min. Fahrzeit) und ist dann per Busverbindung an die Isle of Skye angebunden. Insgesamt ist die komplette Anreise mit der Bahn sicherlich nur eine Alternative für eingefleischte Bahnfans oder Personen, die das Fliegen und Autofahren z. B. aus Umwelt- und Klimaschutzgründen für sich komplett ausgeschlossen haben.

- Deutsche Bahn, 💻 www.bahn.de
- Österreichische Bundesbahnen, 💻 www.oebb.at/de/fahrplan
- Schweizerische Bundesbahnen, 💻 www.sbb.ch/de/home.html
- Eurostar, 💻 www.eurostar.com/rw-en
- Caledonian Sleeper, 💻 www.sleeper.scot
- Scotsrail, 💻 www.scotrail.co.uk/

Die Gesamtstrecke ist online nicht zusammenhängend buchbar, Teilstrecken können Sie aber natürlich auf den genannten Websites buchen. Auch gibt es inzwischen Reisebüros, die auf Fernreisen mit der Bahn spezialisiert sind und Ihnen die Gesamtverbindung anbieten können.

Auto

Die Anreise mit dem Auto lohnt sich am ehesten, wenn Sie den Skye Trail nur als Teil Ihres Urlaubes wandern möchten und anschließend oder vorher noch mit dem Auto unterwegs sein werden.

Die Anreise vom Festland Europas ist auf mehreren Wegen sehr bequem. Wenn Sie relativ viel Zeit haben, können Sie gut mit dem Autozug durch den Eurotunnel fahren. Von Coquelles ganz in der Nähe von Calais fährt der Zug nach Folkestone. Sie können im Auto sitzen bleiben und sind normalerweise innerhalb

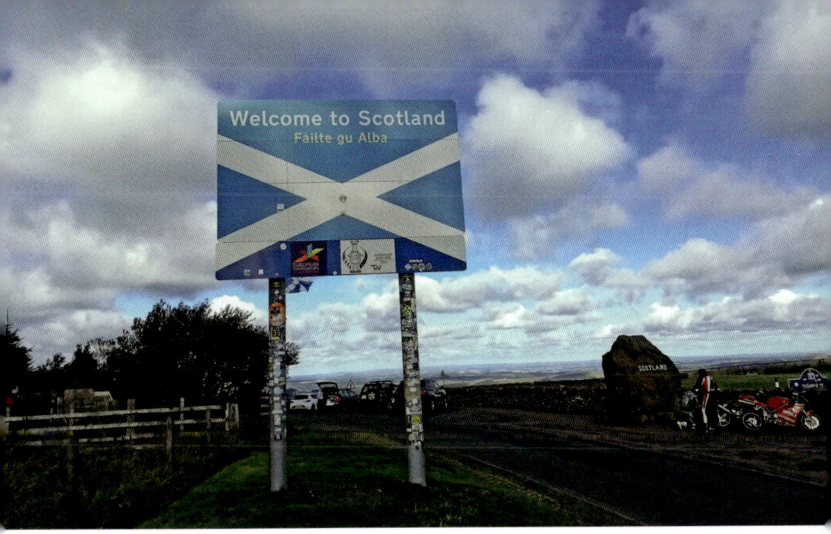

Grenzübergang mit dem Auto

von einer guten halben Stunde in England. Hier haben Sie dann jedoch noch eine Reise von über 1.000 km vor sich, bevor Sie auf der Isle of Skye ankommen.

♦ Eurotunnel, 💻 www.eurotunnel.com/uk/

Ganz ähnlich sieht es bei einer Reise mit den Fähren aus, die Sie von Calais oder Dünkirchen nach Dover nehmen können. Diese benötigen ca. 1 Std. 30 Min. für die Überfahrt.

♦ Fähren Calais oder Dünkirchen – Dover,
💻 www.poferries.com/de, https://www.dfds.com/de-de

Um möglichst schnell und bequem in Schottland anzukommen, hat sich für uns die Fähre von Amsterdam – Ijmuiden nach Newcastle bewährt. Sie fahren abends los, genießen die Überfahrt in Ihrer bequemen Schlafkabine und mit dem Unterhaltungsprogramm oder einem guten Essen an Bord und kommen am Morgen gut ausgeruht in Newcastle an.

Von hier ist es nur noch ein Katzensprung nach Schottland. Bis nach Portree auf der Isle of Skye haben Sie von hier noch eine Strecke von ca. 580 km zurückzulegen. Beachten Sie jedoch, dass Sie hier nicht so schnell vorankommen wie auf dem Festland. Sie müssen mit der Ausschiffung und Einreise nach England den ganzen Tag für die Fahrt einplanen.

♦ Fähren Amsterdam – Newcastle, 💻 https://www.dfds.com/de-de

Fahren auf Single Track Roads

An einigen eher entlegenen Orten in Schottland und auch auf der Isle of Skye gibt es noch die sogenannten Single Track Roads. Das sind einspurige Straßen, die in regelmäßigen Abständen *passing places* haben, um Gegenverkehr passieren zu lassen. Diese *passing places* sind nicht fürs Parken gedacht und dürfen nicht blockiert werden. Wenn Sie auf einer Single Track Road unterwegs sind, fahren Sie vorausschauend. Sobald Sie Gegenverkehr bemerken, stellen Sie sich in einen *passing place* und warten Sie, bis der Gegenverkehr vorbei ist. Wer zuerst an einem *passing place* ist, bleibt stehen. Ist kein *passing place* mehr zwischen Ihnen, fährt diejenige Person rückwärts in den nächsten *passing place*, die näher dran ist.

Es wird immer auf der linken Straßenseite gehalten, auch wenn der *passing place* auf der rechten Seite ist. Dann bleiben Sie einfach am Rand stehen, der entgegenkommende Verkehr wird über den *passing place* ausweichen. Beim aneinander Vorbeifahren grüßt man sich in der Regel. Dieses System baut auf Rücksichtnahme und ist gerade im Sommer, wenn viele Touristinnen und Touristen unterwegs sind, die damit nicht vertraut sind, recht anfällig. Um den Verdruss bei den Anwohnenden möglichst gering zu halten, wird an vielen Orten extra über dieses System informiert und es hilft allen, wenn sich wirklich alle an diese Regeln halten.

In Großbritannien wird natürlich links gefahren und die Geschwindigkeiten und Entfernungen werden in Meilen angegeben. Eine englische Meile entspricht 1,61 km. Sie sind bei den Geschwindigkeiten also auf der sicheren Seite, wenn Sie die Geschwindigkeitsbegrenzungen mit 1,5 multiplizieren.

Hier ist eine Übersicht der Geschwindigkeitsbegrenzungen:

in geschlossenen Ortschaften	30 mph	48 km/h
außerhalb geschlossener Ortschaften	60 mph	96 km/h
Schnellstraßen mit getrennten Fahrbahnen	70 mph	112 km/h
Autobahnen	70 mph	112 km/h

Da der Skye Trail eine Streckenwanderung ist, müssen Sie schauen, wo Sie am besten parken. Es sollte ein Ort sein, der gut mit dem Bus zu erreichen ist. Da viele der großen öffentlichen Parkplätze inzwischen kostenpflichtig sind, bietet es sich wahrscheinlich am ehesten an, an der ersten Unterkunft in Broadford nachzufragen, ob Sie das Auto dort stehen lassen können. Alternativ gibt es in Broadford direkt an der Hauptstraße zwei größere Parkflächen, die bisher noch kostenfrei sind. Im besten Fall fragen Sie in der kleinen Hütte der Touristeninfo in Broadford, ob Sie dort stehen bleiben dürfen. Sie sollten auch einen Zettel mit Ihrem voraussichtlichen Rückkehrdatum in das Auto legen, damit Sie nicht vermisst werden. Wertgegenstände sollten Sie natürlich nicht im Auto lagern.

Bus

Mit dem Bus vom europäischen Festland aus anzureisen würde ich aufgrund der Dauer nicht empfehlen. Sind Sie jedoch einmal in Schottland angekommen, gibt es sehr gute Fernbusverbindungen, die Sie bis auf die Isle of Skye bringen. Die Fahrt mit dem Bus von Glasgow nach Portree dauert ungefähr 6 St. 30 Min., von Edinburgh nach Portree ca. 8 Std. 30 Min. (dabei müssen Sie in Fort William umsteigen) oder von Inverness etwas über 3 Std. Diese Busverbindungen sind besonders praktisch, wenn Sie z. B. mit dem Flugzeug angereist sind.

Die aktuellen Fahrpläne und Buchungsmöglichkeiten finden Sie hier:

https://www.citylink.co.uk/

Ausrüstung

Die richtige Ausrüstung ist für eine längere Wanderung unabdingbar. Sie hat großen Einfluss darauf, ob das Wandern Spaß macht und ob die komplette Distanz zurückgelegt werden kann oder ob die Wanderung im schlimmsten Fall abgebrochen werden muss.

Vollgepackte Rucksäcke

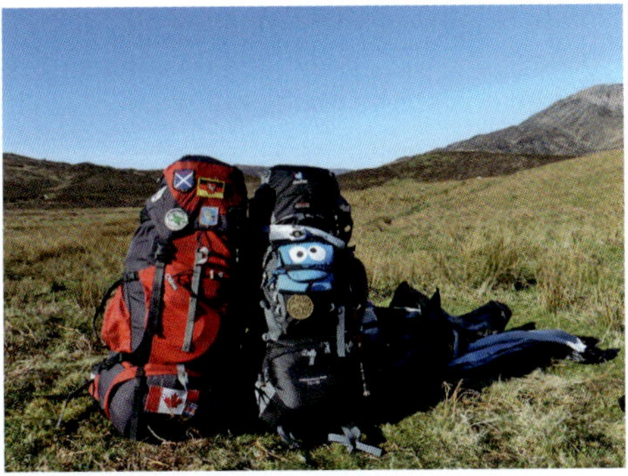

Dabei kommt es darauf an, dass Sie zwar alles Nötige dabeihaben, aber das Rucksackgewicht trotzdem so gering wie möglich gehalten wird. Als Faustregel gilt, dass Sie nicht mehr als 20 bis 25 % des eigenen Körpergewichtes tragen sollten (inklusive Verpflegung). Das Gewicht des Rucksackes hängt natürlich auch davon ab, ob Sie am Ende des Tages in einer festen Unterkunft mit Möglichkeiten zum Einkehren unterkommen oder die Wanderung doch als Trekkingtour mit Zelt gestalten und sich selbst versorgen. Im ersten

Fall sollten Sie mit einem Gewicht von 12 kg gut hinkommen, im zweiten Fall kann das Gewicht durchaus auch bei 18 bis 20 kg liegen.

Da der Skye Trail keinem festgelegten Weg folgt, gibt es bisher keine durchgehenden Möglichkeiten der Gepäckbeförderung, mit einzelnen Unterkünften können Sie aber einen Gepäcktransport vereinbaren.

Matschloch getroffen

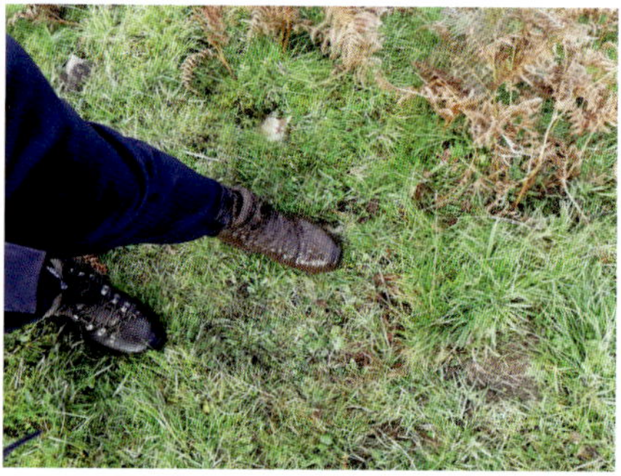

Wichtig bei Wandertouren in Schottland ist zu jeder Jahreszeit ein vernünftiger Regenschutz, da das Wetter tatsächlich so wechselhaft sein kann, wie es für Schottland bekannt ist. Insbesondere Gamaschen sind für die sumpfigen, weglosen Abschnitte des Skye Trail sehr hilfreich, da dadurch die Schuhe und Hosenbeine trockener und sauberer bleiben. So werden nasse und kalte Füße effektiv verhindert.

Je nach Jahreszeit gehört auch ein Mückenschutzmittel unbedingt dazu, um die *midges* (☞ Klima und Reisezeit) abzuwehren. Hierfür macht es am meisten Sinn, vor Ort ein entsprechendes Mittel zu kaufen. Oft empfohlen wird Skin so soft von Avon.

Wer entlang des Weges zelten möchte, sollte darüber nachdenken ein zusätzliches Footprint mitzunehmen, um die Bodenplane des Zeltes wasserdichter zu bekommen. Auch schützt man damit die Bodenplane vor den doch recht pieksigen Heidebüschen.

Diplomatische Vertretung

Diplomatische Vertretungen Schottlands in D/A/CH:

Ⓓ Britische Botschaft, Consular Section, Wilhelmstraße 70/71, 10117 Berlin,
☏ +49/(0)30/20 45 70,
💻 https://www.gov.uk/world/organisations/british-embassy-berlin.de

Ⓐ Britische Botschaft, Jaurèsgasse 12, A-1030 Wien, ☏ +43/(0)1/71 61 30,
💻 https://www.gov.uk/world/organisations/british-embassy-vienna.de

(CH) Britische Botschaft, Thunstr. 50, CH-3005 Bern, ☏ +41/(0)31/359 77 00,
https://www.gov.uk/world/organisations/british-embassy-berne/office/british-embassy

Diplomatische Vertretungen in Schottland:

Ⓓ Deutsches Generalkonsulat, 16 Eglinton Crescent, Edinburgh EH12 5DG, ☎ +44/(0)1 31/337 23 23

Ⓐ Österreichisches Honorarkonsulat, 15 Old Fishmarket Close, Edinburgh, EH1 1RW, United Kingdom, ☎ +44/(0)1 31/61 82 81, ✉ scotland@austrianconsulate.eu

(CH) Schweizerisches Konsulat, 58/2 Manor Place, Edinburgh EH3 7EH, ☎ +44/(0)1 31/225 93 13, ✉ edinburgh@honrep.ch

Einkaufen

Entlang des Skye Trail kommen Sie durch zwei größere Ortschaften, in denen Sie Ihre Vorräte auffüllen können. In Broadford und in Portree gibt es in den großen Co-op Supermärkten alles, was man benötigt. In Broadford und in Portree sind die großen Geschäfte zwischen 7:00 und 22:00 geöffnet und das jeweils an sieben Tagen in der Woche. Portree hat einen kleinen Co-op in der Innenstadt direkt am Weg, der gut ausgestattet ist. Sollten Sie hier etwas nicht finden, gibt es etwa 800 m vom Weg entfernt in Richtung Uig aber auch noch einen großen Supermarkt.

Neben dem kleinen Supermarkt gibt es in Portree in der Innenstadt auch noch viele weitere Geschäfte und Restaurants und insbesondere auch einen kleinen, aber feinen Outdoor-Laden, bei dem Sie fehlende oder verloren gegangene Ausrüstung ersetzen können (montags bis samstags 9:00 bis 18:00 geöffnet).

Auf den anderen Etappen des Weges gibt es in den Ortschaften immer mal wieder kleinere Krämerläden, Hofläden oder Regale in Cafés, in denen man diverse Kleinigkeiten findet und kaufen kann. Bei diesen sind die Öffnungszeiten unterschiedlich und Sie sollten sich nicht darauf verlassen, hier Ihre Vorräte aufstocken zu können.

Preislich sind die Grundnahrungsmittel etwas teurer als in Deutschland, 2021 haben wir ca. den gleichen Preis in Pfund bezahlt wie in Deutschland in Euro. Unter anderem durch die Auswirkungen des Brexits kann es allerdings sein, dass die Auswahl etwas begrenzt ist und nicht von allen Produkten alle Varianten zu bekommen sind.

Einreise

Nach dem Brexit ist es für Bürgerinnen und Bürger der EU und der Schweiz nicht mehr gestattet, mit den nationalen Ausweispapieren nach Großbritannien einzureisen. Nun benötigen Sie einen Reisepass, der für die gesamte Dauer Ihres Aufenthaltes gültig sein muss.

Sie dürfen für touristische Aufenthalte und Urlaube bis zu sechs Monate ohne ein Visum einreisen. Möchten Sie länger bleiben, benötigen Sie ein Visum.

Die aktuellsten offiziellen Informationen zur Einreise nach Großbritannien finden Sie auf der Seite des Auswärtigen Amts:

https://www.auswaertiges-amt.de/ → Außen- und Europapolitik → Länder → Großbritannien

Elektrizität

Die Schotten nutzen wie der Rest Großbritanniens Steckdosen vom Typ G. Die Netzspannung beträgt 230 Volt und die Frequenz 50 Hertz. Für die Steckdosen benötigen Sie einen Adapter.

Sollten Sie nicht in festen Unterkünften übernachten, denken Sie daran, eine Powerbank zum Laden Ihres Handys oder Ihrer Kameraakkus mitzunehmen. Möglichkeiten, Ihre Gerätschaften zu laden, haben Sie zwar zwischendurch öfter in Cafés, Restaurants, wenn Sie nett fragen, oder auf den Campsites, jedoch nicht in den Schutzhütten und nicht auf jeder Tagesetappe.

Denken Sie an einen Regenschutz für Ihre elektronischen Geräte.

Essen und Trinken

Entlang des Skye Trail gibt es in unregelmäßigen Abständen die Möglichkeit, zum Essen einzukehren. Allerdings befinden sich die Restaurants oder Imbisse immer in den Ortschaften. Wenn Sie planen, wild zu campen oder in einer der Schutzhütten zu übernachten, sollten Sie Ihre Verpflegung natürlich mitnehmen. Möglichkeiten zur Einkehr direkt am Weg gibt es in Broadford, Torrin, Elgol, Sligachan, Portree und Flodigarry, zum Teil sind es aber nur kleinere Cafés, die keine Hauptgerichte im klassischen Sinn anbieten. Informationen zu den Einkehrmöglichkeiten erhalten Sie bei den jeweiligen Etappen. Bitte beachten Sie, dass die angegebenen Öffnungszeiten nur Anhaltspunkte sind und es hier jederzeit zu Änderungen kommen kann. Bitte erkundigen Sie sich vorab per E-Mail oder Telefon oder checken Sie die angegebenen Homepages (wo vorhanden) für aktuelle Öffnungszeiten.

Trinkwasser ist in Schottland im Großen und Ganzen kein Problem. Das Leitungswasser kann überall getrunken werden, wo es nicht ausdrückliche Hinweise gibt, dass es kein Trinkwasser ist. In vielen Fällen können Sie das Trinkwasser in Restaurants, Cafés oder Geschäften auffüllen, wenn Sie freundlich fragen. Wasser aus fließenden Gewässern sollte immer behandelt oder gefiltert werden, da es viele Schafe und Wildtiere gibt, durch die das Wasser verunreinigt werden kann. Insbesondere auf der längeren Etappe über die Trotternish Ridge sollten Sie genügend Wasser tragen, da es hier oben keine verlässlichen Wasserläufe gibt.

Geld

In Schottland gilt wie in ganz Großbritannien das Pfund. Es kann in den meisten Orten mit Kreditkarte und vielerorts auch mit Debit- oder EC-Karte bezahlt werden. Geldautomaten gibt es in Broadford und Portree, hier sollten Sie sich mit ein wenig Bargeld ausstatten, um zwischendurch in den kleinen Cafés oder Bauernlädchen auch mal bar bezahlen zu können. Kartenzahlung ist aber wesentlich verbreiteter als z. B. in Deutschland und oft auch in den kleinen Geschäften möglich.

Information

Gute und interessante allgemeine Informationen finden Sie auf der Website von VisitScotland. Hier finden Sie auch eine große Vielfalt an Unterkünften, Tipps und Wissenswertem zu Sehenswürdigkeiten und Reiserouten.

💻 https://www.visitscotland.com/de-de/

Vor Ort können Sie die Touristeninformation von VisitScotland in Portree persönlich besuchen. In dem sogenannten ICenter helfen Ihnen die freundlichen Mitarbeiter gerne direkt weiter. Außerdem finden Sie hier eine große Auswahl an Souvenirs und Mitbringseln und auch Wanderkarten und Bücher.

ℹ Bayfield House, Bayfield Rd, Portree, Isle of Skye, IV51 9EL, ☎ +44/14 78/61 29 92, ✉ portree@visitscotland.com, 🚪 täglich 9:00 bis 17:00, sonntags geschlossen, Öffnungszeiten können täglich variieren.

Karten und GPS

Da der Skye Trail nicht auf einem markierten Weg verläuft, sollten Sie in der Lage sein, sich mit Wanderkarte und Kompass zu orientieren. Grundsätzlich ist der

Skye Trail bei gutem Wetter nicht schwer zu finden, denn er orientiert sich an einigen der eindrücklichsten landschaftlichen Merkmalen der Insel. Eine gute Landkarte ist neben diesem Wanderführer trotzdem zu empfehlen. Bei schlechtem Wetter und eingeschränkter Sicht (was auf der Insel des Nebels keine Seltenheit ist) ist es ebenso einfach vom Weg abzukommen, sodass ein sicherer Umgang mit Karte und Kompass sehr wichtig ist.

Die Wanderkarte „Skye Trail" von Harvey ist übersichtlich und wasserfest und zeigt neben dem Haupttrail auch die meisten der hier beschriebenen Abstecher und Alternativen. Für Wanderinnen und Wanderer, die der Rest der Isle of Skye nicht interessiert, ist diese Karte im Maßstab 1:40.000 auf jeden Fall zu empfehlen. Die Karte können Sie hier bestellen:

💻 https://www.harveymaps.co.uk/acatalog/Skye-Trail-YHWRSK.html

Eine weitere Möglichkeit sind die Karten des Ordnance Survey (OS), die es in unterschiedlichen Maßstäben gibt. Die OS Landranger Karten sind im Maßstab 1:50.000 und bieten im Allgemeinen einen guten Überblick über die Region, können jedoch für die Wegfindung manchmal zu groß sein. Bei den OS Landranger Karten würden für den Skye Trail die Blätter 23 und 32 benötigt.

Die OS Explorer Karten sind im Maßstab 1:25.000 und damit schon deutlich detaillierter. Wie die Landranger Karten sind diese Karten nicht wasserfest und Sie benötigen für den gesamten Skye Trail die Blätter 408, 410 und 411.

Die Karten des OS finden Sie in jeder Touristeninformation und in vielen Unterkünften und Geschäften. Online können Sie die oben beschriebenen Karten hier ordern:

💻 https://shop.ordnancesurvey.co.uk/

☺ Die Kartenempfehlungen wurden von der Geobuchhandlung Kiel überprüft. 💻 www.geobuchhandlung.de

Ergänzend zu den Papierkarten bietet sich natürlich auch ein GPS-Gerät oder eine entsprechende App auf dem Smartphone an. Einen passenden, von mir aufgezeichneten GPS-Track zu dieser Wanderung können Sie auf der Internetseite des Verlags (💻 www.conrad-stein-verlag.de) herunterladen.

Bedenken Sie bei der Nutzung elektronischer Geräte jedoch auch die Akkulaufzeit und verlassen Sie sich nicht ausschließlich auf die digitale Navigation.

📖 **GPS** *Grundlagen · Tourenplanung · Navigation* von Michael Hennemann, Conrad Stein Verlag, Basiswissen für draußen, ISBN 978-3-86686-495-5, € 9,90

Klima und Reisezeit

Schottland ist für sein nasses Wetter bekannt und tatsächlich ist das auch kein haltloses Klischee. Insbesondere auch die Isle of Skye ist aufgrund der etwas vorgelagerten geografischen Lage dem Wetter vom Atlantik ziemlich schutzlos ausgesetzt. So ist es denn auch häufig recht windig und wechselhaft. Das Gute daran ist, dass selten dauerhaft schlechtes Wetter ist, sondern sich Regenschauer oft mit sonnigen Phasen abwechseln. Oft herrscht ein recht starker Westwind, der Regen mit sich bringt, welcher dann an den ersten Landmassen abregnet. Die nassesten Monate sind Oktober bis Januar, doch auch im sonnigsten Monat Mai gibt es durchschnittlich 14 Regentage.

Die größte Chance auf anhaltendes gutes Wetter haben Sie in den Monaten April bis Juni. Zwar kann es im Frühjahr durchaus nachts noch Temperaturen um den Gefrierpunkt geben, dafür ist es hier aber auch am trockensten. Tagsüber sind die Temperaturen auch im Sommer mit durchschnittlich 16 °C eher kühl. Durch

Wechselhaftes Wetter in Schottland

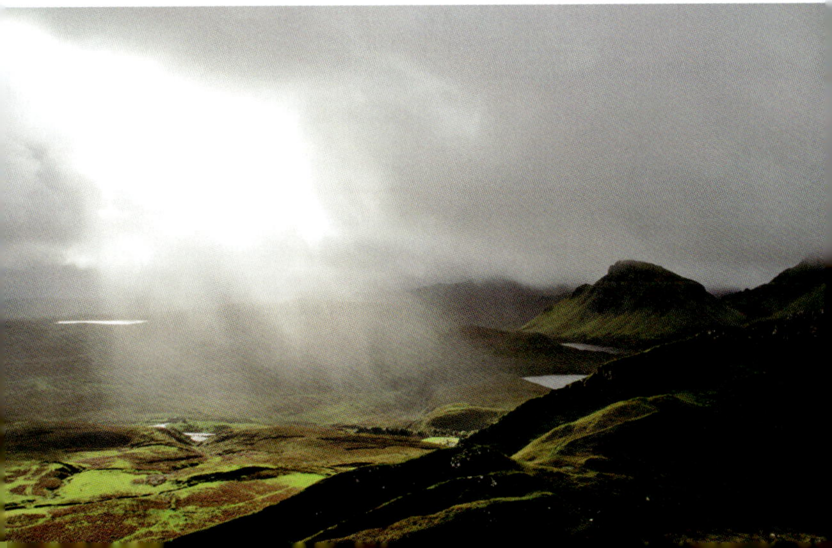

das ozeanische Klima wird es im Winter jedoch auch nicht ganz so kalt, die durchschnittliche Tagestemperatur im Januar beträgt beispielsweise ca. 6 °C.

Neben dem Wetter gibt es aber noch andere Faktoren, die für das Frühjahr als beste Reisezeit sprechen: Im April/Mai sind sowohl die Touristenschwärme als auch die Schwärme an *midges* noch recht überschaubar. Letztere sind kleine Fliegen, die bei Windstille mit Vorliebe über jedes Stückchen nackte Haut herfallen und fies beißen. Diese sind im Allgemeinen in den Sommermonaten unterwegs, ab Anfang September verschwinden sie langsam wieder.

Doch auch die anderen Jahreszeiten haben jeweils einige Dinge, die für sie sprechen: Im Sommer ist die Landschaft saftig grün und es ist meist angenehm warm. Der Herbst dagegen besticht mit wunderschön leuchtenden Herbstfarben, die sogar an grauen Tagen für tolle Aussichten sorgen. Im Winter ist es ruhiger und die Aussichten auf verschneite Berggipfel können ebenfalls ein Traum sein. Allerdings ist der Skye Trail in den Wintermonaten nicht unbedingt durchgängig zu begehen. Für einzelne Tagesetappen mit fester Unterkunft kann das Wetter trotzdem gut passen.

Markierungen

Der Skye Trail ist kein offizieller Wanderweg. Er setzt sich viel mehr aus kürzeren Wanderwegen, Straßenabschnitten und einigen Abschnitten wegloser Strecke zusammen. Entsprechend gibt es keine einheitliche Markierung für diese Wanderung. Der Umgang mit Karte und Kompass oder/und GPS-Gerät sollte beherrscht werden.

Medizinische Versorgung

Die medizinische Versorgung wird auch nach dem Brexit weiterhin über die europäische Krankenversicherungskarte (EHIC) laufen. Einwohnerinnen und Einwohner Deutschlands, Österreichs und der Schweiz, die gesetzlich versichert sind, können auch in Großbritannien medizinische Leistungen in Anspruch nehmen, sofern Sie sich nur vorübergehend dort aufhalten. Staatsangehörige der Schweiz müssen hierfür eine spezielle Ersatzbescheinigung bei ihrer Versicherung anfordern.

Entlang des Skye Trail gibt es zwei Krankenhäuser, nämlich das Broadford Medical Centre und das Portree Community Hospital. In diesen Ortschaften gibt es auch noch weitere Arztpraxen und Apotheken.

Notruf

In Notfällen erreichen Sie die *emergency services* unter der Notrufnummer 999. Bei medizinischen Notfällen fragen Sie nach der *ambulance*, bei Notfällen auf dem Trail/am Berg fragen Sie zunächst nach der *police* und dann nach *mountain rescue*.

Outdoor Access Code

In Schottland gibt es ein für Outdoor-Enthusiasten großartiges Regelwerk: Der Zutritt zu fast allen Ländereien und Gewässern ist zunächst grundsätzlich erlaubt, sofern ein paar Regeln eingehalten werden. Diese Regeln sind im Outdoor Access Code festgehalten. Dieser Code basiert auf drei einfachen Prinzipien: Das Interesse und die Privatsphäre anderer muss gewahrt, die Umwelt muss geschützt werden und alle müssen die Verantwortung für das eigene Handeln übernehmen.

Die Zugangsrechte gelten für die meisten Aktivitäten, die draußen in der freien Natur stattfinden, allerdings nicht fürs Jagen oder Fischen, für motorisierte Aktivitäten (außer für Personen mit Mobilitätseinschränkungen) und natürlich auf Äckern, in Gärten und Gebäuden. Der Outdoor Access Code schließt auch die Möglichkeit, wild zu campen mit ein, sofern der Camping Spot nicht motorisiert erreicht wird.

Zusammengefasst sind die wichtigsten Regeln für alle, die dort wandern und wild campen, die folgenden:

- ▷ Nutzen Sie einen Kocher und machen Sie offenes Feuer nur, wenn es absolut notwendig ist. Vermeiden Sie Feuer in Wäldern, auf Farmland oder auf torfigem Boden. Wenn Sie Feuer machen, nutzen Sie nur Totholz, beschädigen Sie keine Pflanzen und nutzen Sie möglichst bereits bestehende Feuerstellen.
- ▷ Teilen Sie den Weg mit anderen. Machen Sie auf sich aufmerksam, wenn Sie andere Personen von hinten einholen und lassen Sie schnellere Wanderinnen und Wanderer überholen.
- ▷ Wenn Sie im Freien übernachten, achten Sie darauf, dass Sie keine Spuren hinterlassen. Sollten keine Toiletten in der Nähe sein, nehmen Sie eine Schaufel mit und graben kleine Löcher für Ihre Ausscheidungen. Halten Sie dabei so viel Abstand von offenen Gewässern wie möglich.
- ▷ Manchmal führen Wege auch über Höfe oder Weiden. Halten Sie sich hier strickt an den Weg, halten Sie Abstand von Rindern und lassen Sie Tore

so, wie Sie sie gefunden haben, auch wenn diese offen waren. Benutzen Sie zum Übersteigen von Zäunen die „Stiles" (oft aus Brettern gebaute Tritte zum leichteren Übersteigen) um die Zäune möglichst nicht zu beschädigen.

▷ Wenn Sie mit Hund unterwegs sind, halten Sie diesen an der kurzen Leine, wenn Lämmer oder Kälber in der Nähe sind. Zur Brutzeit zwischen April bis Juli gehören Hunde grundsätzlich an die Leine. In der Nähe von Gebäuden oder Dörfern sammeln Sie den Hundekot ein und entsorgen diesen im Müll.

Wildcampen

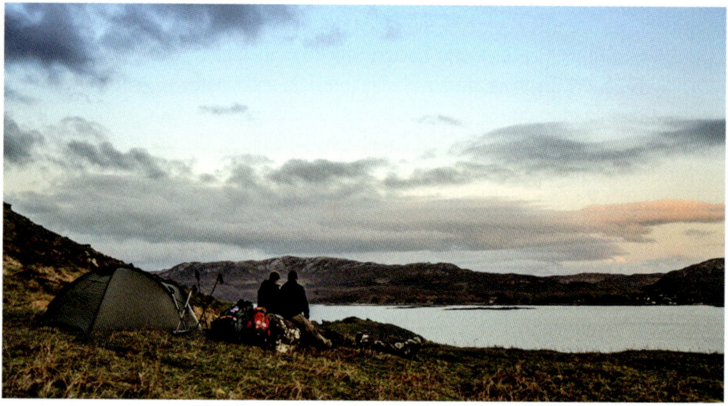

Im Detail finden Sie den Outdoor Access Code auf Englisch auf der folgenden Website:

💻 https://www.outdooraccess-scotland.scot/

Ergänzend zum Outdoor Access Code sollten sich alle mit den Leave-no-trace-Prinzipien (deutsch: hinterlasse keine Spuren) auseinandersetzen. Kurz zusammengefasst bedeuten diese, dass man weder Sachen (Müll) in die Natur mitbringt und dann dort lässt, noch Sachen in der Natur sammelt und mitnimmt (Feuerholz, Beeren, Pflanzen, Blumen). Außerdem sollte man sich so verhalten, dass die natürliche Umgebung, also auch Wildtiere und Pflanzen, möglichst wenig gestört werden.

Leave nothing but footprints and take nothing but memories.

Post

Entlang des Skye Trail gibt es zwei Poststellen: eine in Broadford und eine in Portree. Beide haben jeweils montags bis samstags 9:00 bis 15:00 geöffnet. Zusätzlich gibt es in fast allen Orten Briefkästen.

Post innerhalb Großbritanniens wird in First Class und Second Class unterschieden, Post ins Ausland wird grundsätzlich per Luftfracht (Air Mail) verschickt. Wenn Sie sichergehen wollen, dass Ihre Postkarten schnell zu Hause ankommen, sollten Sie die offiziellen Briefmarken der Royal Mail nutzen. In vielen Souvenirshops etc. gibt es Briefmarken mit schöneren Motiven für Postkarten, diese sind jedoch von Universal Mail und benötigen oft längere Zustellzeiten. Grundsätzlich können aber auch diese Briefmarken verwendet werden.

Sprache

Amtssprache in Schottland ist Englisch. Mit Grundkenntnissen in Englisch kommen Sie im Urlaub sehr gut zurecht, auch wenn das Englisch der Schottinnen und Schotten von Region zu Region etwas unterschiedlich klingt und manchmal sehr schwer zu verstehen ist. Aufgrund der offenen und zuvorkommenden Art der schottischen Bevölkerung werden Sie trotz Sprachbarrieren keine Schwierigkeiten haben, zurechtzukommen.

Im Süden Schottlands wird darüber hinaus noch Scots gesprochen, eine inzwischen als eigenständige Sprache anerkannte Variante, die dem Englischen recht ähnlich ist.

Als dritte Sprache wird hauptsächlich auf den Inseln und in den Highlands noch Gälisch gesprochen. Diese alte keltische Sprache wird gerade wieder zunehmend populär und wieder vermehrt gesprochen. Auch gibt es heute gälische TV- und Radiosender, gälische Musik ist sehr beliebt und viele der bekanntesten schottischen Bräuche, Feste und Traditionen sind gälischen Ursprungs.

Besonders deutlich wird der gälische Einfluss für die Reisenden bei den zweisprachigen Ortsnamen, durch die klar wird, dass der gälische Name einfach ins Englische übertragen wurde. Viele der Bezeichnungen für Orte, Berge, Seen und vieles mehr machen in der Übersetzung aus dem Gälischen einfach Sinn und wurden dann als Eigenname ins Englische übertragen. So sind auch die gängigen Bezeichnungen eines Sees als *loch*, eines Berges als *ben* und eines Tales oder einer Schlucht als *glen* gälischer Herkunft.

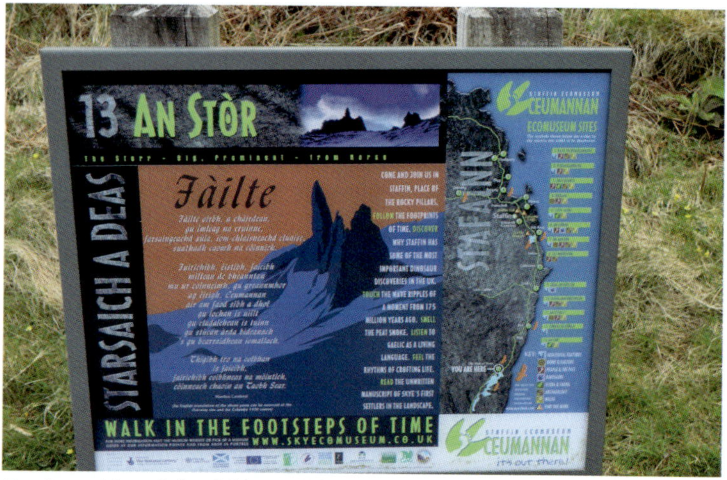

Zweisprachiges Infoschild am Old Man of Storr

Hier einige weitere Beispiele, denen Sie auf Ihrer Wanderung begegnen werden:

Gälisch	Englisch	Deutsch
allt	burn, stream	Bach
bealach	pass, gorge of a mountain, glen, gap	Tal, Schlucht, Pass
beinn	mountain	Berg
both	cottage, hut	Hütte
camas	channel, bay, harbour	Bucht, (natürlicher) Hafen,
caol	narrow	schmal
coille	wood, forest, grove	Wald, Hain
creag	crag, rock, cliff	Felsen, Klippe
dearg	red	rot
dubh	black	schwarz
dùn	fortress, castle, heap	Festung
eas	waterfall	Wasserfall
eilean	island	Insel
gleann	glen, narrow valley, dale	Schlucht, Tal

inbhir	„inver", place of meeting of rivers, confluence	Zusammenfluss
loch	lake, arm of the sea	See, Fjord
muir	sea	die See, das Meer
ruadh	red, brown	rot, braun
rubha	headland, point of land, pomontory	Landzunge, Küstenvorsprung
sgùrr	rocky peak, sharp, steep hill	felsiger Gipfel
taigh	house	Haus

Telefon und Internet

Die Ländervorwahl für Großbritannien ist 00 44 oder +44. Danach wird die erste „0" der Telefonnummer weggelassen. Um von Großbritannien nach Deutschland zu telefonieren, müssen Sie die 00 49 oder +49 vor der Vorwahl wählen, für Österreich nutzen Sie 00 43 oder +43 und für die Schweiz 00 41 oder +41.

Durch den Brexit gilt die EU-Roaming-Verordnung nicht mehr. Es kann also je nach Anbieter zu Roaminggebühren fürs Telefonieren, Surfen und das Verschicken von SMS kommen. Zurzeit erheben einige der Anbieter aus Deutschland und Österreich jedoch noch keine Gebühren. Da sich dies jederzeit ändern kann, empfehle ich, dies direkt bei Ihrem Anbieter zu überprüfen, bevor Sie losfahren.

Die Netzabdeckung ist jedoch eh nicht ideal. Das Mobilnetz ist zumindest aus dem deutschen Netz entlang des Skye Trail eher lückenhaft. Sie sollten sich nicht darauf verlassen, Empfang zu haben. Auch mobile Daten funktionieren hauptsächlich in den Ortschaften.

Fast alle Unterkünfte entlang des Weges bieten jedoch (meist kostenloses) WLAN an. Auch die meisten der Restaurants und Cafés bieten diesen Service an.

Unterkunft

Entlang des Skye Trail kommen Sie durch einige kleinere und größere Orte und Siedlungen, in denen Sie eine Vielfalt an Unterkünften finden können. Insbesondere in den größeren Ortschaften wie Broadford und Portree haben Sie von Campingplätzen über Hostels, gemütlichen Bed & Breakfasts und schönen Hotels eine große Auswahl. In den kleineren Ortschaften wie Elgol oder Flodigarry ist die Auswahl deutlich kleiner und zum Teil auf Bed & Breakfasts begrenzt. Möchten

Sie feste Unterkünfte nutzen und nicht im Zelt schlafen, sollten Sie gerade in den Sommermonaten von Mai bis September unbedingt vorab buchen. Aber auch in den Wintermonaten empfiehlt es sich, vorab zu schauen, welche Unterkunft geöffnet ist. Die Kontaktadressen finden Sie innerhalb der Etappen inklusive Telefonnummer, E-Mail-Adresse und Website. Hier finden Sie auch Infos zu den Öffnungszeiten der Ausstattung und den Preisen. Alle Unterkünfte wurden bei Erstellung des Wanderführers kontaktiert, trotzdem kann es im Laufe der Zeit natürlich zu Abweichungen kommen. Zusätzlich arbeiten viele Unterkünfte mit sogenannten dynamischen Preisen, die an die Saison und das Buchungsaufkommen angepasst werden. Die angegebenen Preise sind also eher Anhaltspunkte, ich habe mich jeweils an der Hochsaison 2022 orientiert. Wer mit Zeltausrüstung unterwegs ist, kann entlang des Skye Trail auch in zwei einfach ausgestatteten Schutzhütten (Bothys) übernachten.

Mountain Bothy Association

Die Mountain Bothy Association ist eine gemeinnützige Organisation in England, Wales und Schottland, bei der es darum geht, einfache Schutzhütten in der Wildnis zu erhalten. In vielen Regionen der Highlands gibt es diese kleinen Hütten, die unverschlossen sind und jedem offenstehen. Oft sind es alte Cottages oder Farmgebäude, die ursprünglich als Unterschlupf für Schäfer gedient haben und jetzt als Übernachtungsplatz für Wanderinnen und Wanderer offenstehen. Für die Benutzung der Bothys fallen keine Kosten an, Spenden werden jedoch gerne entgegengenommen. Die Hütten sind meist in Privatbesitz, alle Instandhaltungsmaßnahmen werden aber von Freiwilligen der Mountain Bothy Association übernommen.

Ausgestattet sind die Hütten oft mit Feuerstellen und Schlafplattformen, zum Teil müssen Übernachtungsgäste aber auch auf dem Boden schlafen. Toiletten oder fließendes Wasser gibt es meistens nicht.

Da alle Zugang zu den Hütten haben, ist es nicht möglich, die Schlafplätze vorab zu reservieren. Es muss damit gerechnet werden, dass für später kommende Wanderinnen und Wanderer Platz gemacht werden muss. Es gelten lediglich ein paar wenige Regeln des gesunden Menschenverstandes, die im sogenannten Bothy Code zusammengefasst werden. So ist darauf zu achten, das Gebäude selbst nicht zu beschädigen, die umliegende Natur und Landschaft sowie andere Personen nicht zu stören und natürlich auch besondere Regeln der Besitzerinnen und Besitzer unbedingt zu respektieren. Müll wird natürlich mitgenommen, Toilettengänge nicht in unmittelbarer Umgebung der jeweiligen Hütte gemacht.

Updates

Der Conrad Stein Verlag veröffentlicht Updates zu diesem Buch, die direkt vom Autor oder von den Lesern dieses Buches stammen. Sie finden diese auf der Verlagshomepage www.conrad-stein-verlag.de. Der abgebildete QR-Code führt Sie direkt dorthin.

Verkehrsmittel am Weg

Auf Skye wird ein guter und regelmäßiger Busservice von Stagecoach angeboten. Dabei ist Portree Dreh- und Angelpunkt der meisten Busverbindungen. Für die Wanderung wichtige Buslinien sind die Buslinie 57 A und C, die mehrmals täglich um die Trotternish Halbinsel im Norden herumfahren, die Linien 152 und 155, die an Schultagen Portree und Broadford miteinander verbinden, und die Linie 55, mit der Sie zwischen Elgol und Broadford hin und her fahren können. Es kann je nach Saison zusätzliche oder auch weniger Busverbindungen geben. Nicht alle Linien fahren täglich, insbesondere in der Nebensaison sollten Sie vor der Reise prüfen, ob die Busse an Ihrem gewünschten Tag fahren.

Genaue Infos und Fahrpläne finden Sie hier:

https://www.stagecoachbus.com/

Praktisch ist, dass Sie außerhalb der Ortschaften nicht an einer Haltestelle stehen müssen, Sie können die Busse auch auf freier Strecke anhalten und zu- oder aussteigen.

Wandern mit Hund

Den Skye Trail mit dem Hund zu wandern ist eine großartige Möglichkeit, tolle Erinnerungen und Erlebnisse mit dem vierbeinigen Gefährten zu teilen. Allerdings gibt es natürlich einige Dinge zu beachten.

Zunächst benötigt der Hund für die Einreise nach Großbritannien einen Mikrochip, einen EU-Heimtierausweis, eine aktuelle Tollwutimpfung und eine Bandwurmbehandlung (innerhalb von 5 Tagen vor der Einreise). Außerdem müssen Sie sogenannte „genehmigte Routen" zur Einreise nutzen, diese sind allerdings die meisten Airlines und Flughäfen sowie die großen Fähren und natürlich auch die Zugverbindung durch den Eurotunnel.

Die aktuellsten Informationen zu den Einreisebestimmungen für den Hund finden Sie unter folgendem Link:

💻 https://www.gov.uk/bring-pet-to-great-britain

Bei Flugreisen müssen Sie beachten, dass Ihr Hund ab einer bestimmten Größe im Frachtraum des Flugzeuges mitfliegt und nicht in der Passagierkabine. Hier sollten Sie bei der jeweiligen Airline schauen, wie die Beförderungsbedingungen sind.

Bei Einreise mit der Fähre kommt es darauf an, welche Strecke Sie fahren. Bei einigen Anbietern müssen die Hunde in den Autos bleiben, bei einigen Strecken gibt es Extrakabinen, in die der Hund mit hinein darf oder zumindest „Dog Hotels" also extra Boxen für die Hunde. Auf den längeren Strecken gibt es meist auch „Toilettenecken" für die Hunde, die diese aber unterschiedlich gut annehmen.

Am entspanntesten ist die Einreise für autogewöhnte Hunde wahrscheinlich mit dem Zug durch den Eurotunnel, den hier bleiben Sie ja mit Ihrem Hund zusammen im Auto sitzen.

Für die lange Autofahrt bis in den Norden des Landes gibt es auf der folgenden Website eine Suchmaschine für kurze Wanderungen entlang der Hauptverkehrsstraßen:

💻 https://www.drivingwithdogs.co.uk/

Für die Rückreise mit dem Hund müssen Sie auf direktem Weg keine weiteren Dokumente bei sich führen, als die, die Sie bereits für die Einreise in Schottland benötigten. Allerdings müssen Sie Ihren Hund an einem der hier aufgeführten Kontrollpunkte wieder in die EU einführen:

💻 https://ec.europa.eu/food/animals/movement-pets/travellers-points-entry_en

Endlich vor Ort angekommen gibt es beim Wandern mit dem Hund nun nur noch einige Kleinigkeiten zu beachten, die sich auch im ☞ Outdoor Access Code wiederfinden.

Zunächst sollten Hunde natürlich grundsätzlich jederzeit unter Kontrolle sein und andere Wanderinnen und Wanderer nicht zu aufdringlich begrüßen oder gar anspringen. Der Hund sollte andere Tiere gewohnt sein und möglichst nicht auf Vieh wie Rinder und Schafe oder Wildtiere reagieren. Unabhängig davon, wie sich Ihr Hund verhält, muss dieser an der kurzen Leine (bis zwei Meter) gehalten werden, wenn Sie durch Gegenden mit Rindern oder Schafen laufen.

Insbesondere wenn Jungtiere anwesend sind, können nicht nur die Hunde die anderen Tiere empfindlich stören und ihnen schaden, Mutterkühe können zum Beispiel auch schnell eine Gefahr für Hund und Besitzerinnen und Besitzer werden, wenn sie sich oder Ihre Kälber bedroht sehen. Wenn es möglich ist, sollten Begegnungen zwischen Rindern und Hunden durch Ausweichen vermieden werden. Sollte doch einmal ein Rind aggressiv auf den Hund reagieren, ist es am sichersten für alle, den Hund loszulassen, um dann getrennt auf dem kürzesten, sichersten Weg aus der Situation zu entkommen.

Muttertiere am Wegrand sollten nicht gestört werden

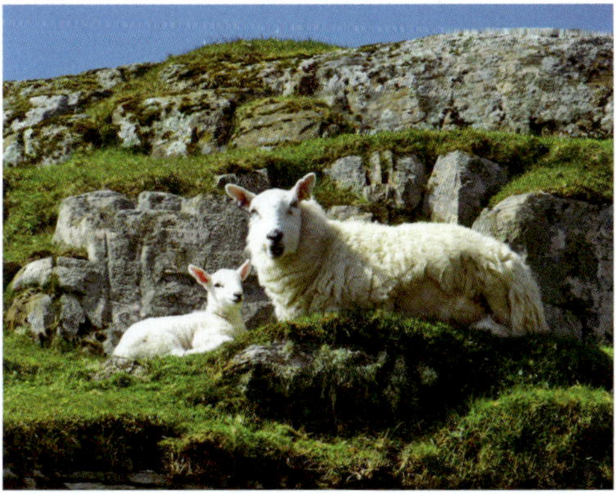

Schafe reagieren im Allgemeinen nicht aggressiv auf Hunde, hier kann aber der Stress durch einen Hund z. B. zu Fehlgeburten und Verletzungen führen. Daher gilt auch hier, den Hund an der kurzen Leine zu halten und möglichst Abstand von den Tieren zu halten.

In Nature Reserves und Wildschutzgebieten sowie in Mooren, Wäldern, Wiesen, an Seen und der Küste brüten insbesondere zwischen April und Juli viele Wildvögel. Auch hier ist ein Anleinen des Hundes angebracht, um die Vögel möglichst wenig zu stören.

Kot sollten Sie in den Ortschaften, in der Nähe von Siedlungen und an stärker frequentierten Orten wie z. B. dem Old Man of Storr ebenfalls grundsätzlich einsammeln und bei der nächsten Gelegenheit in jeder öffentlichen Mülltonne entsorgen. An weniger frequentierten Orten reicht es meist schon aus, den Kot z. B. mit dem Wanderstock vom Weg zu schieben.

Bitte klären Sie vorab, ob die angestrebten Unterkünfte *pet-friendly* sind. Die in diesem Führer aufgeführten Unterkünfte haben jeweils das Symbol 🐕, wenn sie zumindest ein Zimmer haben, in das Sie Hunde mitnehmen dürfen. Es sind aber oft nur wenige Zimmer als *pet-friendly* ausgeschrieben, daher sollten Sie den Hund bei Buchung auf jeden Fall mit angeben.

Zeit

Auf der Isle of Skye gilt wie überall in Schottland die Greenwich Mean Time (GMT), also eine Stunde Zeitunterschied zu Deutschland, Österreich und der Schweiz. Jeweils am letzten Märzwochenende wird die Zeit um eine Stunde auf die Daylight Saving Time (DST, Sommerzeit) vor- und am letzten Oktoberwochenende wieder auf die GMT zurückgestellt.

Zoll

Für die zollfreie Einfuhr von Waren nach Großbritannien gelten folgende Höchstgrenzen, sofern die Waren selbst transportiert werden und auch selbst verbraucht oder verschenkt werden sollen:

▷ alltägliche Gegenstände und waren bis zu einem Wert von £ 390,-

▷ Alkohol: bis zu 42 Liter Bier, 18 Liter Wein und entweder 9 Liter Alkohol bis zu 22 % Vol. oder 4 Liter Alkohol über 22 % Vol.

▷ Tabak: 200 Zigaretten, 100 Zigarillos, 50 Zigarren, 250 g Tabak oder 200 Tabakportionen für elektrische Verdampfer. Diese Mengen können auch aufgeteilt werden. Sie können also z. B. auch 100 Zigaretten und 25 Zigarren mitbringen (jeweils die Hälfte der maximal möglichen Menge)

Überschreiten Sie die Höchstmengen, müssen Sie die gesamte Menge angeben und darauf Mehrwertsteuer zahlen.

Bargeld muss ab einem Wert von £ 10.000 (€ 11.700/ca. CHF 12.000) angegeben werden. Grundsätzlich ist das Mitführen von Bargeld jedoch unnötig.
☞ Geld

Wegbeschreibung Skye Trail

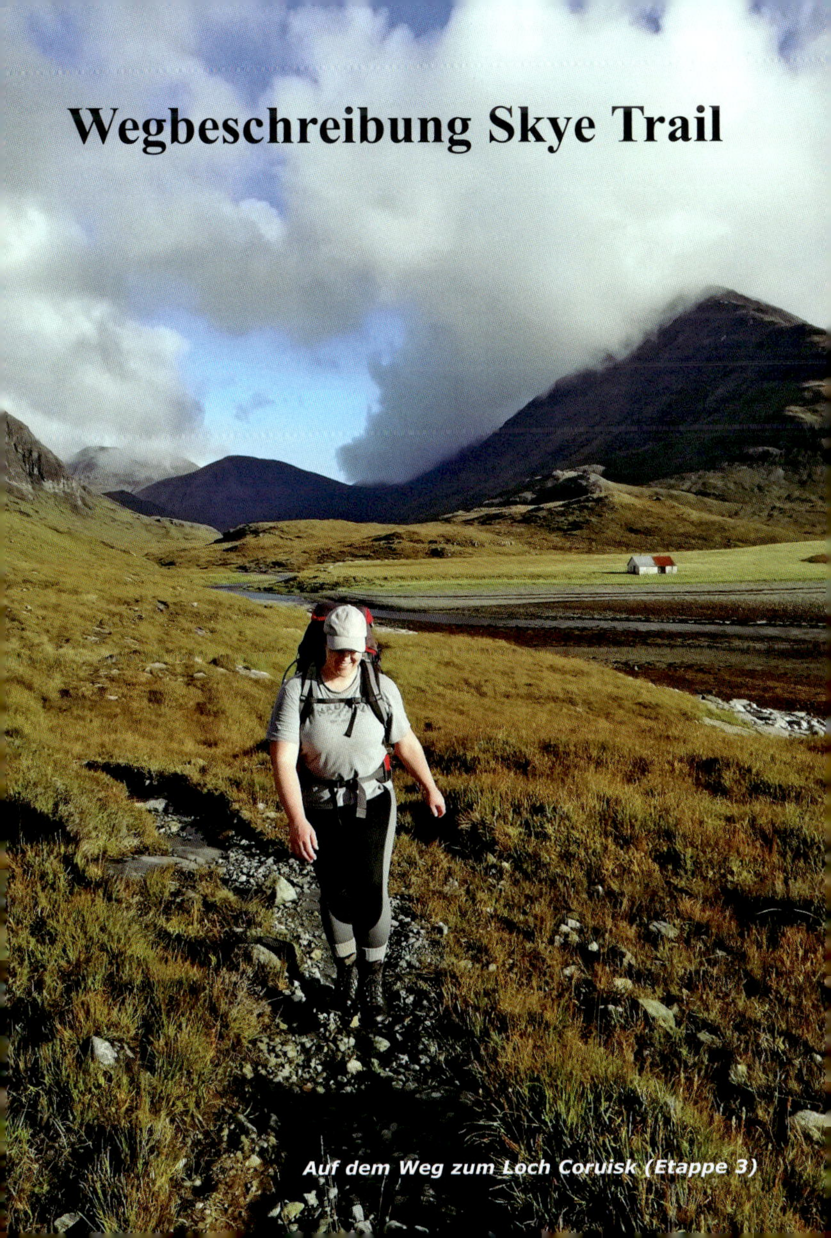

Auf dem Weg zum Loch Coruisk (Etappe 3)

1. Etappe: Broadford – Torrin

19,2 km, 5 Std., 404 m, 387 m, 0-169 m

0,0 km	8 m	Broadford
1,1 km	30 m	Abzweig des Wanderweges von der Straße
8,3 km	15 m	Boreraig
11,1 km	80 m	Suishnish
15,2 km	1 m	Camas Malag
16,9 km	32 m	B8083
19,2 km	25 m	Torrin

Die erste Etappe des Skye Trail führt von Broadford einmal quer über die Insel bis zur Westküste am Loch Eishort. Vorbei an den idyllisch gelegenen Ruinendörfern Boreraig und Suishnish wandern Sie mit grandiosen Ausblicken auf das Meer entlang der Küste bis zum kleinen Ort Torrin.

Broadford

Broadford Tourist Information Centre, Shore Road, Broadford, Isle of Skye, IV49 9AB, 077 58/91 48 51, broadfordinfocentre@gmail.com, Ende April bis Ende Oktober 8:30 bis 18:00, Öffnungszeiten können täglich variieren und im Winterhalbjahr abweichen.

Broadford Hotel, Torrin Road, Broadford, Isle of Skye, IV49 9AB, 014 71/82 22 04, https://www.broadfordhotel.co.uk, reservations@broadfordhotel.co.uk, ganzjährig, Ü ab £ 195 im DZ, F £ 15, @, , , direkt am Skye Trail

Broadford Backpackers Hostel, High Road, Broadford, Isle of Skye, IV49 9AA, 014 71/82 03 33, https://www.broadfordbackpackers.com, hello@broadfordbackpackers.com, ganzjährig, Ü £ 22 im MBZ, £ 60 im DZ, @, , , (in Privatzimmern), 280 m vom Start des Skye Trail entfernt

Camping Skye, Pairc nan Craobh, Broadford, Isle of Skye, IV49 9DF, 014 71/55 04 20, https://campingskye.com, mail@campingskye.com, ab 20. März bis 20. September, Ü £ 10 im Zelt, £ 22 im Wohnmobil/Wohnwagen, eine weitere Person (ab 16 Jahre) £ 5, ein weiteres Kind (5-15 Jahre) £ 3, @, , £ 4, , , 650 m vom Start des Skye Trail entfernt

The Claymore, Harrapool, Isle of Skye, IV49 9AQ, 014 71/82 23 33, täglich 15:00 bis 21:00, 1,2 km vom Skye Trail entfernt

♦ **Sia Cafe & Siaways**, Ford Rd, Isle of Skye, IV49 9AB, ☏ 014 71/82 26 16, http://www.cafesia.co.uk/, tom@cafesia.co.uk, täglich 10:00 bis 20:00, direkt am Skye Trail

Es gibt mehrmals täglich verschiedene Busverbindungen nach Portree, Elgol und zum Festland.

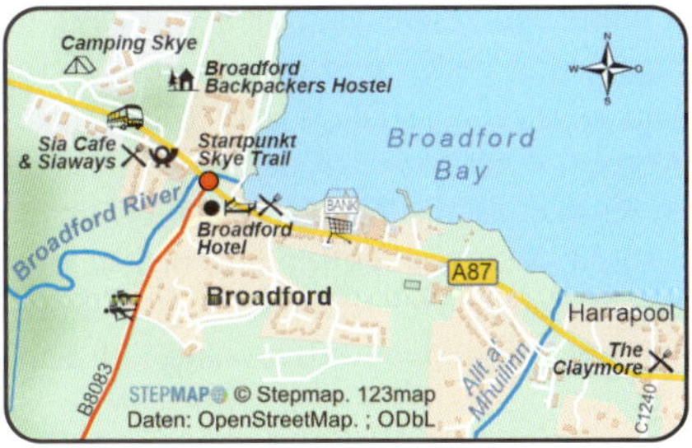

Broadford liegt direkt an der A87 und ist neben Portree das größte wirtschaftliche Zentrum der Insel. Entstanden ist Broadford an der Stelle eines Viehmarktes im 18. Jahrhundert, durch den späteren Bau der Straße nach Portree siedelten sich dann immer mehr Menschen hier an. Wie fast jeder Ort auf Skye rühmt sich auch Broadford seines Anteils an der Flucht von Bonny Prince Charlie: So soll ein Captain John McKinnon ihm auf der Flucht geholfen und dafür das Rezept des Lieblingslikörs des

Alter Hafen von Broadford

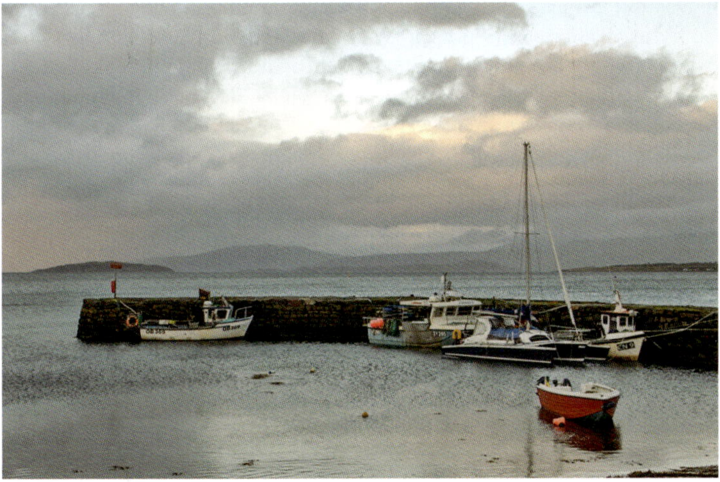

Prinzen erhalten haben. Bis 1870 hat die Familie der McKinnons diesen Likör nur für den Eigengebrauch hergestellt, bevor er dann im heutigen Broadford Hotel ausgeschenkt wurde. Ein paar Jahre darauf wurde der Likör unter dem Markennamen Drambuie eingetragen und kurz darauf in Edinburgh kommerziell hergestellt.

Heute zieht sich der Ort an einer langen Bucht entlang und bietet einige schöne Cafés und Restaurants. Ein alter, kleiner, malerischer Hafen liegt am Dunollie Hotel, etwas weiter werden am kleinen Market Square Kunsthandwerk und Antiquitäten angeboten. Direkt an der Hauptstraße liegt eine kleine private Touristeninformation mit großem Parkplatz, von hier haben Sie an klaren Tagen eine schöne Aussicht auf die Insel Pabay und die Berge der Halbinsel Applecross auf dem Festland. Mit einem großen Supermarkt, einer Tankstelle, einem Postoffice und einigen Unterkünften ist Broadford gut für den Start der Wanderung ausgestattet. Auch mit öffentlichen Verkehrsmitteln ist der Ort gut zu erreichen.

Der südliche Startpunkt des Skye Trail liegt direkt am rechten Ufer des Broadford River an der A87. Der Wanderweg startet zwischen dem Fluss und dem Broadford Hotel an der Lücke in der Mauer. Ein verwittertes Holzschild wies einmal den Weg in Richtung Suishnish. Auf dem Pfad folgen Sie dem Broadford River bis Sie nach 130 m an die parallel verlaufende Single Track Road nach Torrin und Elgol kommen.

Von hier aus folgen Sie der Straße zunächst auf dem Fußweg. Nachdem Sie die letzten Häuser passiert haben, geht es direkt am Straßenrand weiter. Nach 840 m erreichen Sie einen geschotterten **P** Parkplatz auf der rechten Seite ❶. Auf der gegenüberliegenden Straßenseite gehen Sie durch ein kleines Metalltor (lassen Sie Tore immer so zurück, wie Sie sie finden) und folgen damit dem verwitterten Wegweiser zum Marble Line Footpath und Boreraig/Suishnish. Der

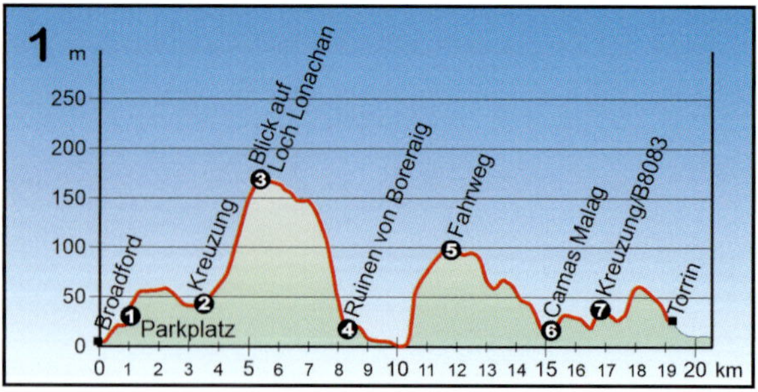

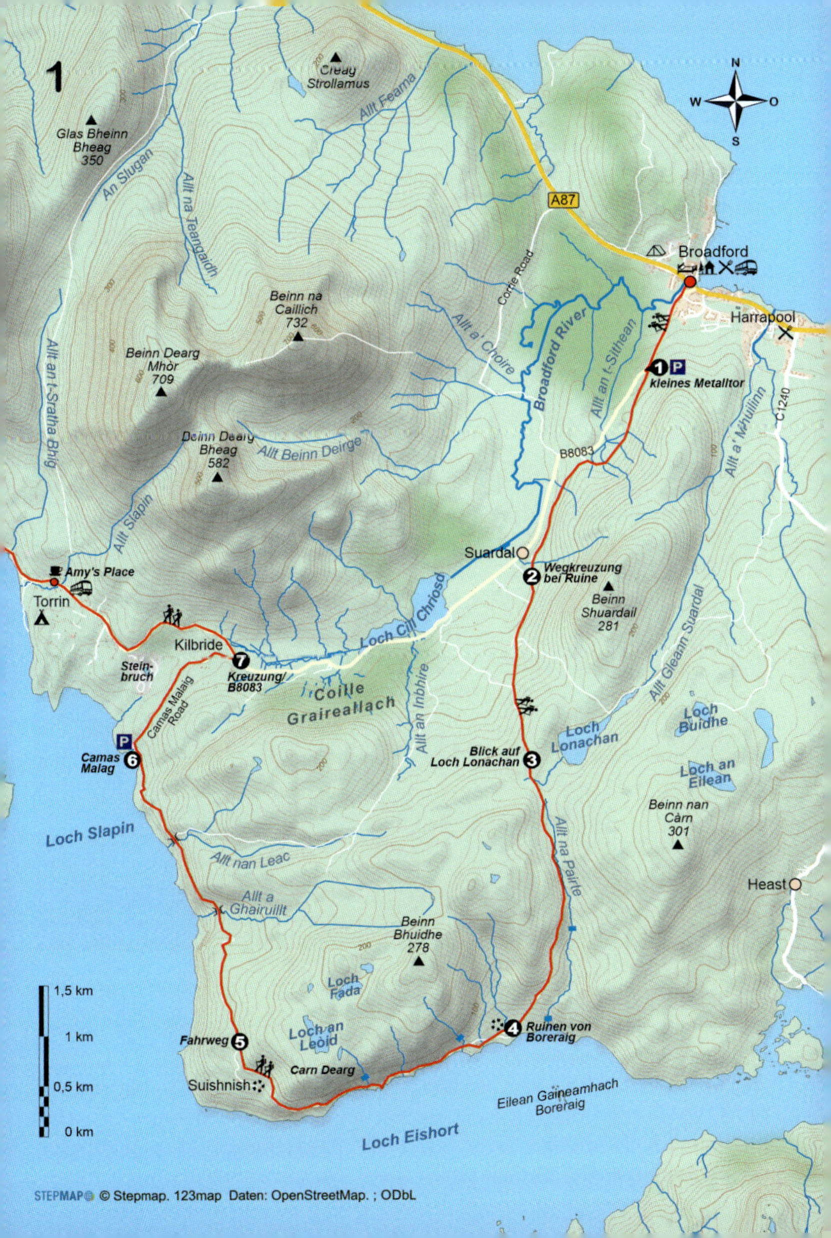
1
Creag Strollamus
Allt Fearna
Glas Bheinn Bheag 350
An Slugan
Allt na Teangaidh
A87
N
W
O
S
Broadford
Harrapool
Corrie Road
Allt a' Choire
Broadford River
Allt an t-Sithean
Beinn na Caillich 732
Beinn Dearg Mhòr 709
Allt an t-Sratha Bhig
1
P
kleines Metalltor
Allt a' Mhuilinn
C1240
B8083
Beinn Dearg Bheag 582
Allt Beinn Deirge
Allt Slapin
Suardal
2
Wegkreuzung bei Ruine
Beinn Shuardail 281
Amy's Place
Torrin
Loch Cill Chriosd
Kilbride
Stein-bruch
7
Kreuzung/ B8083
Coille Gratreallach
Allt an Inbhire
Allt Gleann Suardal
Loch Buidhe
Camas Malaig Road
Loch Lonachan
P
Camas Malag
6
Blick auf Loch Lonachan
3
Loch an Eilein
Beinn nan Càrn 301
Loch Slapin
Allt na Pairte
Allt nan Leac
Allt a Ghairuillt
Heast
Beinn Bhuidhe 278
Loch Fada
1,5 km
1 km
0,5 km
0 km
Fahrweg
5
Loch an Leòid
4
Ruinen von Boreraig
Carn Dearg
Suishnish
Eilean Gaineamhach Boreraig
Loch Eishort
STEPMAP © Stepmap. 123map Daten: OpenStreetMap. ; ODbL

geschotterte Wanderweg ist gut zu gehen und steigt zunächst sanft an. Er verläuft mit einigem Abstand weiter parallel zur Straße, die Sie noch eine ganze Weile zu Ihrer Rechten sehen können. In der Nähe einer Ruine zweigt nach rechts ein Weg ab ❷, diesen ignorieren Sie jedoch und halten sich links/geradeaus.

Etwas oberhalb der Häuser und Ruinen der kleinen Siedlung Suardal wird der Weg zu einer breiteren Fahrspur. Diese verläuft auf den Überbleibseln einer alten Eisenbahnlinie, die von einigen Marmorminen in dieser Gegend nach Broadford fuhr. Entsprechend bequem führt der Weg an einem schönen moosbewachsenen Baum vorbei bergauf. Bald darauf wird er wieder schmaler, bleibt aber sehr gut zu erkennen.

Blick über Suardal

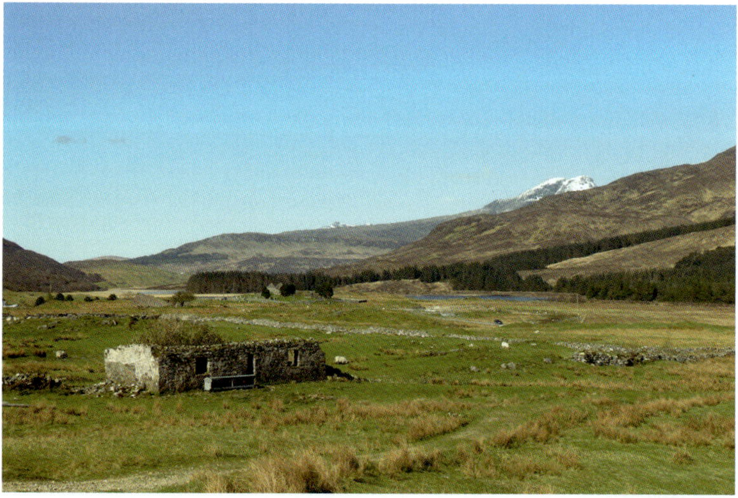

Marmorabbau auf Skye

Schon seit über zwei Jahrhunderten wurde hier Marmor abgebaut, der in der Qualität mit dem Marmor aus Carrara verglichen wurde. Die heute noch sichtbaren Spuren des Abbaus stammen allerdings alle aus dem frühen 20. Jahrhundert. 1907 wurde eine Firma gegründet, die hier am Hang Marmor abbaute. Unten im Tal, nördlich der heutigen Straße, stand das Fabrikgebäude, in dem 25 Arbeiter den Marmor zurechtgesägt und poliert haben. Die einzelnen Blöcke wurden dann zunächst auf einer von Pferden gezogenen Bahn zum Pier nach Broadfort gebracht, bevor 1911 eine kleine Lokomotive dafür genutzt wurde. Bereits ein Jahr später ging die Firma jedoch in einen freiwilligen Konkurs und wurde aufgelöst. Die Gebäude wurden zerstört und die Schienen aufgenommen. Kurz vor Torrin gibt es allerdings auch heute noch einen Steinbruch der Leith Group, in dem landwirtschaftlicher Kalk- und Bestandteile für Rauputz und Beton gewonnen werden.

Der Weg wird flacher und Sie wandern auf einem schmalen Pfad durch Heidekraut mit Blick auf den Loch Lonachan ❸ zu Ihrer Linken weiter. Ein Einschnitt auf der linken Seite des Weges wird immer steiler und bietet einige erste schöne Aussichten auf den Loch Eishort mit den darin liegenden Inselchen und die gegenüberliegende Halbinsel Sleat. Bald öffnet sich der Blick und Sie schauen über die Ruinen von Boreraig ❹ in Richtung Südwesten aufs offene Meer.

Boreraig

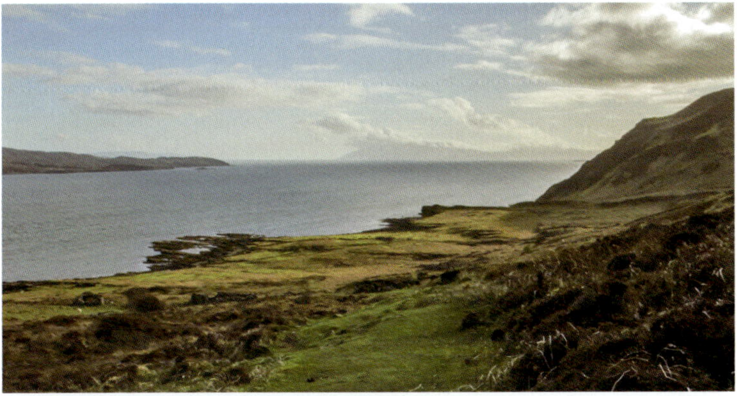

Highland Clearances

Bei der Reise durch die Highlands fallen sie immer wieder auf: die kleinen, irgendwie romantischen Ruinen von alten Häusern und Höfen, die verlassen in oft malerischen Gegenden stehen. Auch die Ruinen von Boreraig zählen dazu. Die dazugehörige Geschichte ist jedoch bitter.

Entstanden sind viele dieser Ruinen aufgrund einer Reihe von wirtschaftlichen, politischen und gesellschaftlichen Änderungen: Nach der Schlacht von Culloden zerfiel das alte System der Clans. Jakobiten wurden verfolgt und enteignet, die Industrialisierung setzte ein und das Geschäft mit Wolle begann zu florieren. Einige der Einheimischen wurden gewaltsam vertrieben, damit das Land für die Schafzuchten der Landbesitzer zur Verfügung stand. Viele Wohnstätten wurden dafür abgebrannt.

Einige der Bäuerinnen und Bauern gingen „freiwillig“ (bei der Wahl zwischen Gehen oder Verhungern wohl kaum der richtige Begriff), um in den Städten mehr Geld zu verdienen oder wanderten aus. Zu den politischen und wirtschaftlichen Gründen kamen Missernten, die die Not noch vergrößerten und so noch mehr Menschen zur Abwanderung zwangen. Alles zusammen führte im 18. und frühen 19. Jahrhundert zur Entvölkerung der Highlands, den Highland Clearances.

Rast mit Blick auf die Halbinsel Sleat

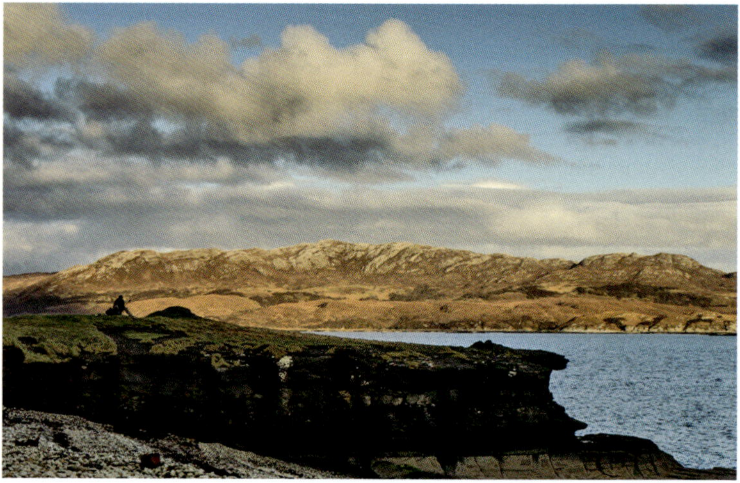

Hier verliert sich der Weg ein wenig im Gras, Sie laufen jedoch durch die Ruinen bergab und bald parallel zur Küste nach Westen. Sie überqueren ein bis zwei Bachläufe und finden den Pfad nah am Wasser wieder. ⛺ Sollten Sie mit dem Zelt unterwegs sein, finden Sie zwischen Boreraig und Suishnish tolle Plätze zum Übernachten.

Zwischen dem Felsstrand und der Steilküste folgen Sie wieder dem nun deutlich sichtbaren Weg. Ab und zu müssen Sie dabei über kleine Geröllfelder stei-

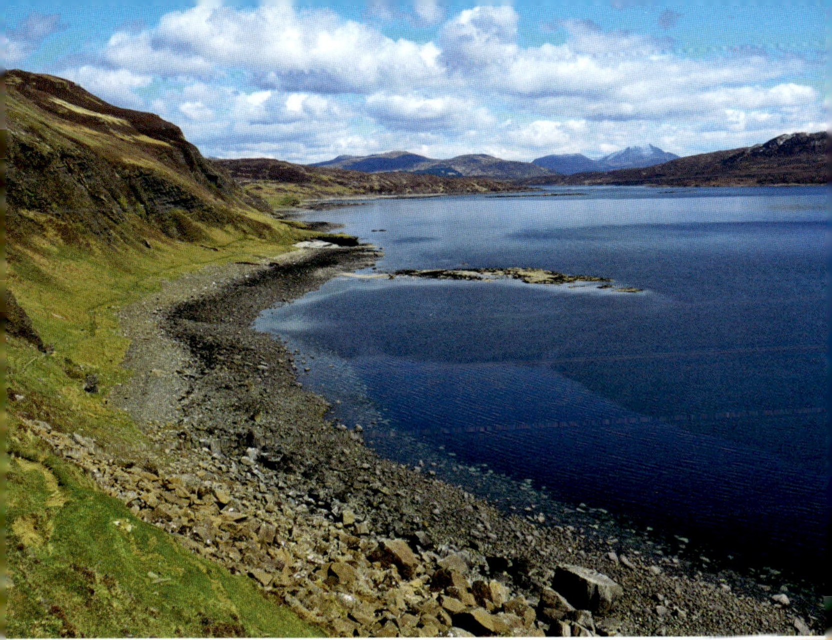

Blick zurück auf den Loch Eishort

gen, die durch Felsrutsche entstanden sind. Sie passieren einige kleinere Wasserfälle und Bäche, diese stellen aber keine große Herausforderung dar. Der Weg steigt zunächst langsam und dann immer stärker an, bis Sie die Steilküste erklommen haben. Hier ist ein großes Schafsgatter eingezäunt und Sie folgen dem Zaun zunächst nach rechts. Sie kommen an ein Tor, durchqueren dieses und treffen dann in der Nähe eines Gebäudes auf einen sehr grob geschotterten Fahrweg ❺, der Sie entlang der Küste nach Norden führt und nicht zu verfehlen ist. Hier kommen Sie durch einige der Ruinen von Suishnish.

Der Weg führt gemächlich auf und ab, überquert auf einer Brücke einen größeren Wasserlauf und trifft nach ca. 3,4 km auf den Strand am Camas Malag ❻. Hier ist ein **P** Parkplatz am Ende einer kleinen, schlecht asphaltierten Straße. Entlang dieser Straße wandern Sie zunächst bergauf und dann rechts an einem aktiven Steinbruch, der Einfahrt zum Kilbride House und einigen weiteren Häusern vorbei zur B8083 ❼. Sie biegen links ab und folgen der Straße noch 2,4 km bis in den lang gestreckten Ort Torrin. Dabei überqueren Sie ein *cattle grid*, ein Kuhgatter in der Straße, über das die Kühe nicht laufen können. So benötigt man kein Tor über die Straße. Die Straße führt durch Bäume und Gebüsch hinauf und macht dann eine Rechtskurve. Nach einem weiteren Kuhgatter gibt es hier sogar einen kleinen Fußweg, der an einigen Häusern entlangführt. Nach einem weiteren Kuhgatter stehen Sie vor dem kleinen Café Amy's Place.

Wenn Sie der Straße noch etwas weiter folgen, finden Sie am Wasser immer wieder kleine grasige Flächen, die für Zelte geeignet sind.

Torrin

Amy's Place, Torrin, Isle of Skye, IV49 9BA, ☏ 014 71/82 28 47, https://www.amys-tearoom-torrin.com/, Öffnungszeiten variabel, in den Wintermonaten geschlossen.

Das Amy's Place bietet eine wunderbare Möglichkeit zur Einkehr mit leckerem, selbstgebackenem Kuchen oder anderen Snacks und vielen Souvenirs aus dem Kunsthandwerk der Insel.

In Torrin gibt es wochentags täglich drei bis vier Verbindungen mit der Linie 55 nach Elgol (20 Minuten) oder Broadford (15 Minuten). Die letzten Abfahrten sind zurzeit zwischen 16:00 und 17:00. Da die Abfahrtzeiten auch von der Saison abhängig sind, prüfen Sie die aktuellen Abfahrtzeiten vor der Abreise. Am Wochenende wird diese Strecke nicht bedient.

☺ In Elgol bietet das **Bayview B&B** einen Abhol- und Bringservice von/nach Torrin an, wenn Sie dort übernachten, ☞ Elgol S. 56.

Torrin ist aus einer Fischer- und Crofting-Siedlung entstanden und ist eine sehr weitläufige Sammlung von Häusern und Farmen direkt am Loch Slapin an der Westküste Skyes. Es gibt ein nettes kleines Café mit Aussichtsfenster auf die Bucht und allerlei handgemachten Mitbringseln und Spezialitäten.

Crofting

Das Crofting ist eine besondere Form der Landwirtschaft in Schottland, die es sonst nur noch in Irland und auf der Isle of Man gibt. Entstanden ist Sie aus dem ursprünglichen Clansystem, bei dem viele Familien das Land ihres Clanoberhauptes bewirtschafteten. Oft waren diese nah verwandt und hatten engen Kontakt. Mit dem Untergang der Clanstrukturen und dem wirtschaftlichen Wandel nach dem Aufstand der Jakobiten wurden viele der Crofter von ihrem Land vertrieben, was einfach war, da sie keinerlei festgeschriebene Rechte darauf hatten. Dies wurde mit dem Crofter's Holdings (Scotland) Act 1886 anders, hier wurde zum

Beispiel den Croftern die Sicherheit gewährt, auf ihrem Land zu bleiben, sofern sie die Pacht zahlen und das Land bewirtschaften. Gleichzeitig wurde in diesem Act sichergestellt, dass die Pacht angemessen und von einer unabhängigen Crofting Commission überprüft werden kann. So gibt es auch heute noch Crofts, die meist kleine Höfe mit nur wenigen Hektar Land sind. Um die Crofts herum gibt es dann noch Gemeinschaftsflächen, die von den Croftern gemeinschaftlich z. B. als Viehweide genutzt werden. Die Höfe sind jedoch auch heute noch nicht ausreichend, um davon leben zu können, so arbeiten viele der Crofter nur nebenbei auf dem Hof und arbeiten ansonsten in der Fischerei, im Tourismus oder in sonstigen Bereichen.

2. Etappe: Torrin – Elgol

15,7 km, 4 Std. 15 Min., ↑ 357 m, ↓ 342 m, ⇧ 0-161 m

0,0 km	⇧ 25 m	Torrin
3,4 km	⇧ 44 m	Abzweig am Parkplatz **P**
6,3 km	⇧ 108 m	B8083
8,1 km	⇧ 14 m	Kirkibost
13,5 km	⇧ 70 m	Glasnakille **B&B**
15,7 km	⇧ 41 m	Elgol **B&B** **P**

Von Torrin aus umrunden Sie zunächst die Bucht des Loch Slapin, steigen dann etwas auf und haben dabei tolle Ausblicke auf den bereits gewanderten Weg. Durch Kirkibost und am schönen Friedhof von Kilmarie vorbei, folgen Sie weiter der Küste und queren dann die Strathaird Halbinsel, bis Sie in Elgol ankommen. Hier genießen Sie die ersten Ausblicke auf die Cuillin Mountains.

In Torrin folgen Sie weiter der Single Track Road in Richtung Elgol direkt am Wasser an der Bucht entlang.

An der Spitze der Bucht kommen Sie an eine Brücke, auf der Sie den hier ins Meer mündenden Fluss queren. Anschließend folgen Sie weiter der Straße, bis Sie nach insgesamt 3,2 km auf der rechten Seite auf den **P** Wanderparkplatz zum Bla Bheinn ❶ kommen.

Der Parkplatz wurde gerade neu ausgebaut, es gibt Picknicktische und eine öffentliche ökologische Trockentoilette. Die verschiedenen Parknischen sind gut verteilt und etwas voneinander abgetrennt, leider aber alle geschottert, sodass er als Übernachtungsort mit Zelt nur bedingt geeignet ist. An der Toilette ist auch ein kleines Wetterschutzdach mit Informationen zur Gegend des John Muir Trusts.

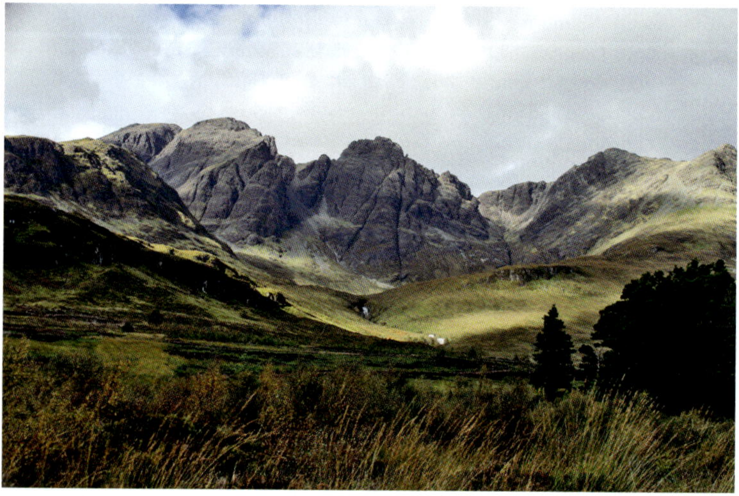

Blick auf den Bla Bheinn

John Muir Trust und Bla Bheinn

Der John Muir Trust ist eine Wohltätigkeitsorganisation, die sich den Schutz der Wildnis im Vereinten Königreich auf die Fahne geschrieben hat. John Muir war ein Schotte, der mit seinen Eltern im 19. Jahrhundert wie so viele in die USA ausgewandert ist und dort maßgeblich an der Gründung der ersten Nationalparks beteiligt war. Der John Muir Trust kümmert sich um einige der schönsten Naturgegenden Schottlands, wie zum Beispiel den Ben Nevis oder Sandwood Bay im Norden oder eben einen großen Teil der Cuillin Mountains auf Skye.

Am Bla Bheinn hat sich der John Muir Trust kürzlich hauptsächlich um die Wiederherstellung eines Torfmoores gekümmert. Die Nadelwaldplantage, die hier zuvor wuchs, wurde abgeholzt, da der Boden sich dafür eigentlich nicht geeignet hat. Dann wurde der Boden geebnet und der Wasserstand auf sein natürliches Level angehoben. Auch hat sich der John Muir Trust hier um den Pfad, der auf den Bla Bheinn führt gekümmert.

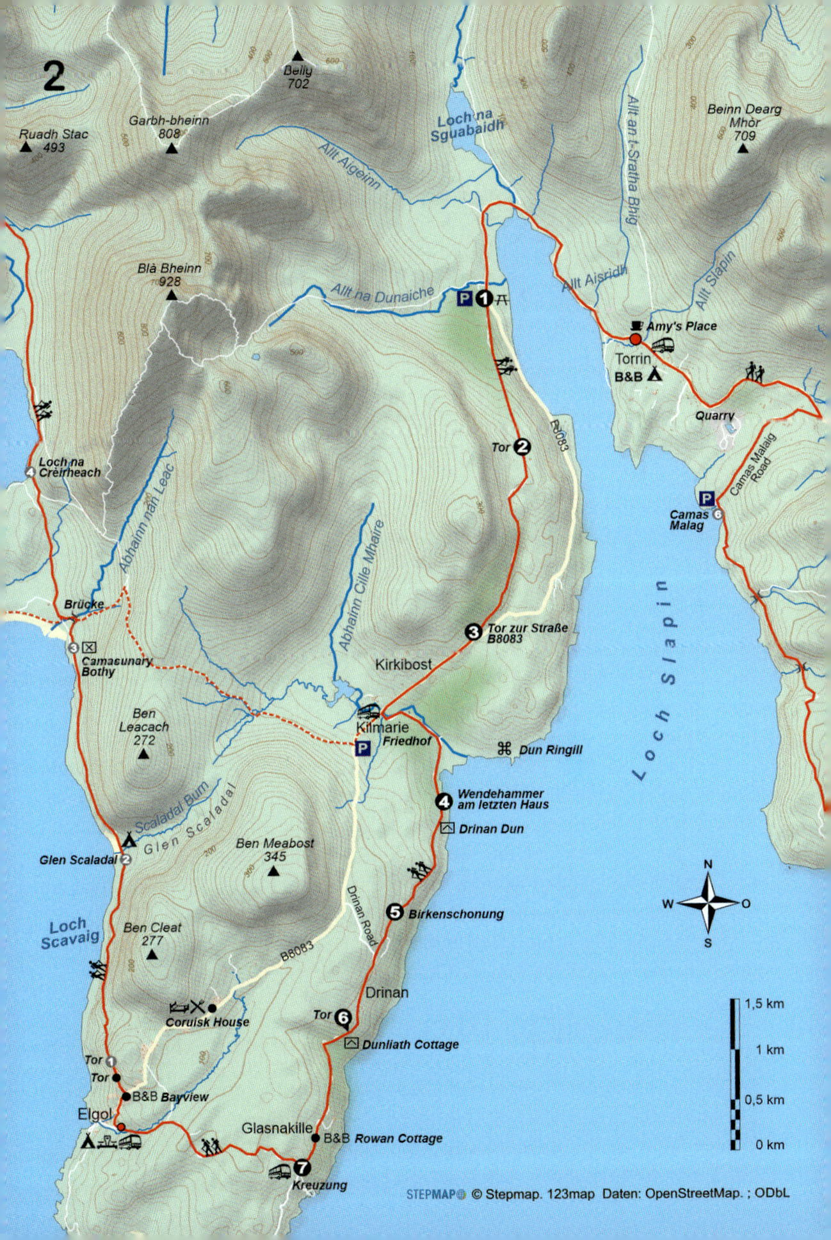
2
Belig 702
Ruadh Stac 493
Garbh-bheinn 808
Loch na Sguabaidh
Allt Aigeinn
Beinn Dearg Mhòr 709
Allt an t-Sratha Bhig
Blà Bheinn 928
Allt na Dunaiche
Allt Aisridh
Allt Slapin
Amy's Place
Torrin
B&B
Quarry
Tor 2
B8083
Camas Malaig Road
Camas Malag
Loch na Creitheach
Abhainn nan Leac
Abhainn Cille Mhaire
Brücke
Camasunary Bothy
Tor zur Straße B8083
Kirkibost
Loch Slapin
Ben Leacach 272
Kilmarie
Friedhof
Dun Ringill
Wendehammer am letzten Haus
Drinan Dun
Scaladal Burn
Glen Scaladal
Glen Scaladal
Ben Meabost 345
Birkenschonung
Drinan Road
Loch Scavaig
Ben Cleat 277
B8083
Drinan
Coruisk House
Tor
Dunliath Cottage
Tor
Tor
B&B Bayview
Elgol
Glasnakille
B&B Rowan Cottage
Kreuzung
N
W
O
S
1,5 km
1 km
0,5 km
0 km
STEPMAP © Stepmap. 123map Daten: OpenStreetMap. ; ODbL

↳ Trittsichere und fitte Wanderinnen und Wanderer können hier über den Bla Bheinn direkt zur Camasunary Bay gelangen.

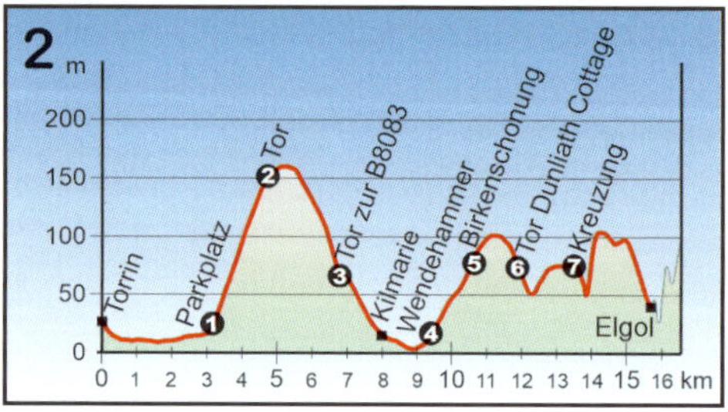

Direkt hinter dem Tor zum Wanderparkplatz halten Sie sich links und queren einen Bach über eine recht neue Brücke. Danach steigen Sie parallel zur Straße durch einen kleinen Wald auf einem steinigen Fahrweg sanft auf. Sie kommen aus dem Wald heraus und wandern zunächst durch Heideflächen, die später immer grasiger werden. Der Weg wird nach einem Tor ❷ etwas undeutlicher, Sie folgen jedoch ungefähr der höchsten Kammlinie und es gibt durchgehend zumindest eine Spur im Gras. Allerdings wird es hier zum ersten Mal etwas matschig. Nach einiger Zeit auf dem Kamm mit wunderschönen Ausblicken über den Loch Slapin führt der Pfad rechts ein wenig in eine Senke und quert hier einen kleinen Bach. Auf der anderen Seite des Baches steigen Sie wieder leicht auf, bevor Sie an einen Zaun kommen, der eine recht kahl geschlagene Forstfläche abgrenzt. Sie folgen dem Zaun auf der linken Seite auf einem wieder etwas breiten Weg. Nach 300 m entfernt sich der Pfad etwas vom Zaun und führt auf unebenem, matschigem Boden weiter. Schließlich gehen Sie wieder auf einen Zaun zu, der hier einen Winkel bildet, auf dessen Scheitel Sie zulaufen. Sie gehen rechts von diesem neuen Zaun daran entlang und steigen so auf einem stellenweise recht zerfahrenen Weg in einer großen Rechtskurve bis zur Straße ab. Sie kommen durch ein Holztor und gelangen wieder an die Straße in Richtung Elgol ❸.

Der Straße folgen Sie abwärts nach rechts. Nach ca. 1,2 km kommen Sie durch die kleine Siedlung Kirkibost/Kilmarie 🚌.

↳ Abkürzung zur ☒ Camasunary Bothy

➲ 4,5 km, ⌛ 1 Std. 15 Min, ↑ 179 m, ↓ 208 m, ⇧ 7-189 m

Sollten Sie die Strecke von Kilmarie nach Elgol oder den steilen Küstenpfad von Elgol nach Camasunary, für den Sie schwindelfrei sein sollten, vermeiden wollen, können Sie auch von Kirkibost aus direkt zur Camasunary Bothy laufen. Hierfür folgen Sie der Straße in Kirkibost für 400 m geradeaus. Bei einem Wanderparkplatz führt ein breiter Schotterweg rechts durch ein Tor. Sie folgen dem Weg, überqueren dabei zwei Flüsse und steigen gemächlich auf den Höhenzug. Die Aussichten zurück auf den Loch Slapin sind wunderschön und je höher Sie kommen, desto schöner wird auch die Aussicht auf die Gipfel der Cuillins und die Small Isles. Oben folgen Sie dem Rücken des Höhenzuges ein kleines Stück nach rechts und wandern dann immer weiter über den Schotterpfad in die Camasunary Bay. Unten sehen Sie links die Camasunary Bothy, die Sie über Trampelpfade durch ein recht nasses Stück Wiese/Heide erreichen.

Wenn Sie direkt weiter nach Sligachan laufen möchten, wandern Sie bis zur Brücke, überqueren diese und folgen dann weiter dem beschriebenen Hauptweg.

Um der Hauptstrecke weiter zu folgen, biegen Sie hinter der Brücke nach links ab und folgen damit dem Schild zum Old Kilmarie Graveyard. Kurz darauf überqueren Sie ein *cattle grid*. Sie wandern auf der Straße durch lichte Bäume und ein paar Wiesen. In einem Wald ist auf der linken Seite ein hübsches Tor im Zaun.

⇳ Hier können Sie einen Abstecher zum ⌘ Dun Ringill machen (⇔ 2 km). Dafür gehen Sie durch das kleine Tor auf der linken Seite der Straße (bitte wieder schließen) und kommen durch einen parkähnlichen Wald mit riesigen Zypressen auf eine Brücke. Auf der anderen Seite des Flusses halten Sie sich direkt rechts auf dem kleinen Trampelpfad. Sie kommen durch ein weiteres kleines Tor, gehen an einer Wiese entlang und folgen dem Bachlauf bis zur Mündung am Strand. Sie können am Strand entlang gehen oder dem Trampelpfad folgen. Der Weg führt schließlich durch Farne und Gestrüpp bis zum Dun Ringill. Von dem Fort haben Sie wunderschöne Ausblicke über den Loch Slapin.

Dun Ringill

Dun Ringill (*dun*: Fort, *ringill*: Punkt der Schlucht/Klamm) ist das Überbleibsel eines alten Forts, das wahrscheinlich aus der späten Eisenzeit stammt und bis zum 16. Jahrhundert von dem Clan MacKinnon bewohnt wurde. Es sind noch die bewachsenen Mauern des niedrigen Brochs (ein Steinturm ohne Fenster, wie er auf den Hebriden und in Caithness häufig zu finden ist) mit Eingang zu sehen. Ein Steinwall außenrum lässt vermuten, dass dort einmal die Außenmauern verliefen. Es gibt Hinweise, dass im Inneren dieser Außenmauern noch weitere Gebäude gestanden haben und dass die Anlage bis ins 19. Jahrhundert benutzt wurde. Wer bis zuletzt hier wohnte, ist jedoch nicht bekannt.

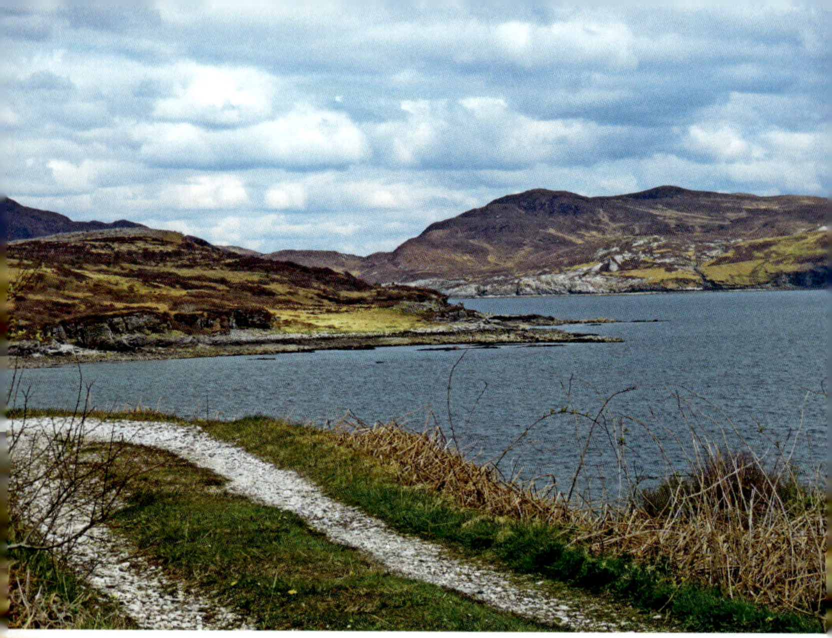

Blick zurück auf Dun Ringill

Sie folgen weiter der Straße bis zu einem Parkplatz direkt an der Einmündung eines kleinen Flusses in das Meer. Werfen Sie einen Blick in den etwas verwilderten Friedhof auf der rechten Seite und folgen Sie dann weiter der Straße am Strand entlang. Beim Wendehammer am letzten Haus ❹ halten Sie sich rechts und wandern auf dem Schotterweg leicht bergauf.

Nach einer Selbstversorgerunterkunft (⌂ Drinan Dun), an der Sie rechts vorbeigehen, wird die Fahrspur schmaler. Sie haben wieder eine tolle Sicht auf die andere Seite des Loch Slapin, wo Sie auf der letzten Etappe entlanggewandert sind. Durch die Wiesen, auf denen durchaus Highlandrinder stehen können, laufen Sie hoch über dem Strand weiter. Der Weg wird wieder zur Fahrspur und führt Sie nah an der Auffahrt eines Hauses vorbei. Sie folgen dem Fahrweg vom Haus weg und passieren dabei eine kleine, durch das Moos und einen Bach mystisch wirkende Birkenschonung ❺.

Der Weg führt nun wieder leicht bergauf und trifft nach 520 m auf eine Straße. Dieser folgen Sie geradeaus und ignorieren sämtliche Einmündungen. An einem geschotterten P Parkplatz wird die Straße wieder zur Fahrspur, die Sie mit schönen Küstenblicken leicht bergab führt. Kurz vor einer weiteren Selbstversorgerunterkunft (⌂ Dunliath Cottage) kommen Sie wieder durch ein Tor ❻. An dem Haus vorbei führt der Weg bergab in einen schönen, moosbewachsenen Wald. Sie queren an der tiefsten Stelle des Weges den Bach, steigen nun sanft wieder auf und kommen an einem Haus aus dem Wald auf einen Wendehammer. Hier beginnt wieder eine kleine Straße, der Sie noch 890 m bis zur Kreuzung in Glasnakille **B&B** 🚌 folgen ❼.

B&B **Rowan Cottage,** 9 Glasnakille, Elgol, Isle of Skye, IV49 9BA, ☏ 077 19/19 15 45, 💻 https://www.rowancottage-isleofskye.co.uk/, ✉ info@rowancottage-isleofskye.co.uk, 🚪 Anfang Januar bis 19. Dezember, Ü ab £ 80, ÜF ab £ 135, 🥾, 🐕, direkt am Skye Trail

Sie biegen rechts ab, queren ein *cattle grid* und laufen auf der sich windenden Straße an einem großen Strommast vorbei bergauf in Richtung Elgol. Bald geht es sanft wieder bergab und die Inseln Soay, Canna und Rum und die Cuillin Mountains gelangen ins Blickfeld. Auch die ersten weißen Häuser der weitverstreuten Ortschaft sind nun auf der rechten Seite auf einem kleinen Hügelzug zu sehen. Sie folgen immer weiter der Straße, die links von einem Bach in einem Einschnitt im Gelände bergab führt bis kurz vor Elgol, wo es auf der rechten Seite ein, zwei schön am Bach gelegene ⛺ Zeltplätze gibt. Nachdem Sie über eine Brücke über den kleinen Bach gekommen sind, sind Sie bereits an der Community Hall (Elgol Hall) mit kleinem Laden. Mit Zelt bietet es sich an, direkt gegenüber an der Kreuzung auf der etwas unterhalb liegenden „Gemeinschaftswiese" zu übernachten. Hier werden z. T. Fischernetze getrocknet, aber ein ebener Platz für das Zelt findet sich immer. Oben an der Straße befindet sich ein großer Parkplatz mit öffentlichen Toiletten. Diese sind zwar etwas heruntergekommen, die Gemeinschaft des Ortes sammelt aber bereits Spenden für die Erneuerung der Toiletten.

Elgol 🛏 B&B ⛺ ✕ ☕ ⛴ P 🚌

🛏 ✕ **Coruisk House**, Elgol, Isle of Skye, IV49 9BL, ☏ 014 71/86 63 30, 💻 https://coruiskhouse.com, ✉ info@coruiskhouse.com, 🚪 Mitte Januar bis Ende November, ÜF ab £ 190 im DZ (mindestens 2 Nächte), @, 🐕 (in einem bestimmten Zimmer), 1,4 km vom Weg entlang der B8083 in Richtung Torrin. Das Restaurant ist mit einem Michelin Stern ausgezeichnet, bietet ein festes 4-Gänge-Menü aus lokalen Zutaten und muss vorab reserviert werden. Eine Reservierung mindestens 24 Stunden vorab ist zwingend nötig, aber auch erst ab 48 Stunden vorher möglich, wenn

Sie nicht im Hotel übernachten. Von Oktober bis März hat das Restaurant geschlossen, es gibt für Hausgäste aber die Möglichkeit, für £ 25 pro Person ein leichtes Abendessen mit Suppe, Brot und Käse zu bestellen.

B&B **Bayview B&B**, Elgol, Isle of Skye, IV49 9BL, ☏ 079 75/95 77 85, https://www.bayviewelgol.com/, contact@bayviewelgol.com, ganzjährig, ÜF £ 95 im DZ, £ 70 im EZ, Abendessen nach Absprache für £ 25 pro Person möglich, @, , , , direkt am Skye Trail. Die Unterkunft bietet einen Abhol- und Bringservice von/nach Torrin oder Sligachan an, sodass sich dieses B&B auch gut für zwei Nächte eignet. Das ist insbesondere interessant, da es in Torrin schwierig sein kann, eine Unterkunft zu finden.

Elgol Shop, Elgol, Isle of Skye IV49 9BJ, ☏ 014 71/86 63 29, montags bis samstags 10:00 bis 17:00, ein kleiner Laden mit Haushaltswaren, Nahrungsmitteln und Souvenirs, der auch Kaffee und etwas Gebäck verkauft.

Wochentags fährt die Linie 55 drei- bis viermal täglich in Richtung Broadford (ca. 45 Minuten). Der letzte Bus fährt um 17:30, in den Schulferien bereits um 16:30. An Wochenenden wird diese Strecke nicht bedient. Bitte prüfen Sie vor Abreise die aktuellen Fahrzeiten.

Blick über Elgol auf die Cuillins

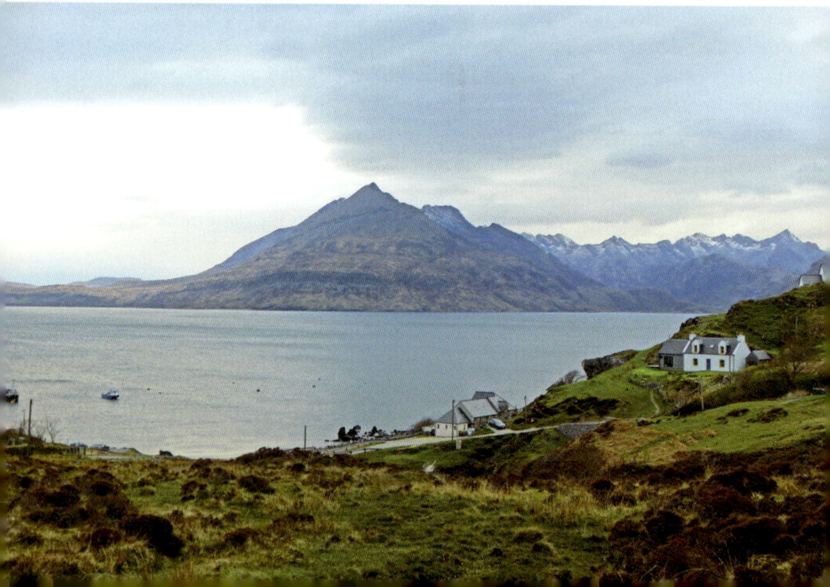

Elgol ist ein kleines Dorf mit großartiger Aussicht auf den Loch Scavaig und die Cuillin Mountains. Vom Bootsanleger aus werden Touren zum malerisch in den Black Cuillins gelegenen Loch Coruisk und Naturbeobachtungsfahrten zu den Small Isles angeboten. Auf der Insel Canna können zur Brutsaison zwischen April und August *puffins* (Papageietaucher) beobachtet werden, rund ums Jahr können Sie oft Seehunde, Wale, Delfine und Seeadler vor beeindruckender Landschaftskulisse sehen. Von Elgol aus können auch einige Höhlen besucht werden, wie z. B. die Prince Charlie's Cave, von der aus der Prinz zum Festland übergesetzt wurde (übrigens von einem Vorfahren der Betreiber der heutigen Bootsausflüge).

3. Etappe: Elgol – Sligachan

➲ 17,9 km, ⌛ 6 Std. 30 Min, ↑ 286 m, ↓ 319 m, ⇧ 2-99 m

0,0 km	⇧ 41 m	Elgol 🛏 B&B ⛺ ✕ ☕ 🛒 P 🚌
0,4 km	⇧ 95 m	Abzweig in Richtung Wanderweg nach Sligachan
3,0 km	⇧ 4 m	Glen Scaladal
5,1 km	⇧ 2 m	Camasunary Bothy ☒ ⛺
6,9 km	⇧ 33 m	Loch na Crèitheach
9,8 km	⇧ 38 m	Loch an Athain
12,4 km	⇧ 84 m	Wegkreuzung am River Sligachan
14,9 km	⇧ 29 m	Wegkreuzung am Allt na Measarroch
17,9 km	⇧ 7 m	Sligachan 🛏 ⛺ ✕ P 🚌

Heute geht es zunächst mit wundschönen Ausblicken am Steilufer des Loch Scavaig entlang bis zur Camasunary Bay. Danach wandern Sie zwischen den schroffen Bergen der Black Cuillins und den runden Kuppen der Red Cuillins gemütlich zum historischen Sligachan Hotel.

In Elgol folgen Sie der Straße B8083 in Richtung Torrin bergauf. Sie biegen nach 420 m in den zweiten asphaltierten Weg links ab. Die Straße endet an zwei Häusern, Sie halten sich jedoch kurz vorher links, gehen durch ein Tor mit dem Schild Footpath und kommen zwischen den beiden Häusern auf einen Grasweg, der auf beiden Seiten von einem Zaun begrenzt wird. Durch ein weiteres Tor ❶ kommen Sie auf eine freiere Fläche und folgen nun dem ausgetretenen Weg. Er führt Sie über einen Bach und dann immer näher an die Steilküste heran.

Der nächste Abschnitt erfordert etwas Trittsicherheit, denn der Weg wird hier felsig und führt sehr nah an der Steilküste entlang.

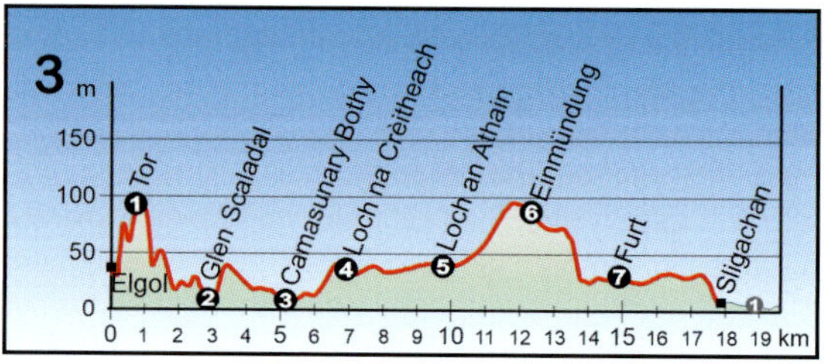

Nach ca. 2,5 km an der Steilküste geht es nun durch ein Tor in das Glen Scaladal hinunter ❷. Immer am Felsstrand entlang queren Sie kurz unter einem Zusammenfluss einen Bach und im Anschluss die Bucht. Hier gibt es auch gute Wildcamping-Spots. Der Aufstieg aus der Bucht führt kurz über dem Steinstrand steil bergauf zu einem weiteren Tor.

Anschließend folgen Sie wieder dem recht felsigen Pfad direkt an der Abbruchkante entlang. Es geht mal felsig auf und ab, mal etwas einfacher geradeaus, jedoch oft auch so nah an der Kante entlang, dass Menschen mit Höhenangst Probleme bekommen könnten. Dabei sind zwei Kletterstellen, an denen die Hände zu Hilfe genommen werden müssen und einige schmale, ziemlich mit Gebüsch zugewachsene Stellen zu passieren. Schließlich wird der Weg etwas breiter und bequemer und Sie steigen in die Camasunary Bay ab. Hier steht eine ⊠ Schutzhütte der Mountain Bothy Association, die sich zumindest für eine Mittagsrast, aber auch gut für eine Übernachtung anbietet ❸.

Über den Bad Step am Loch Coruisk vorbei

9,6 km, 3 Std., ↑ 409 m, ↓ 340 m, ⇧ 0-409 m

Für besonders fitte Wanderinnen und Wanderer oder solche mit viel Zeit lohnt sich ab der Camasunary Bay auch ein Abstecher oder Umweg zum berühmten Loch Coruisk. Dieser dramatisch gelegene See im Herzen der Cuillin Mountains ist zu Fuß von der Camasunary Bay zu erreichen, dabei muss allerdings der sogenannten Bad Step überwunden werden, der nur für trittsichere Wanderinnen und Wanderer ohne Höhenangst zu bewältigen ist. Über den Kamm des Sgurr Hàin erreichen Sie dann wieder den später beschriebenen Wanderweg nach Sligachan.

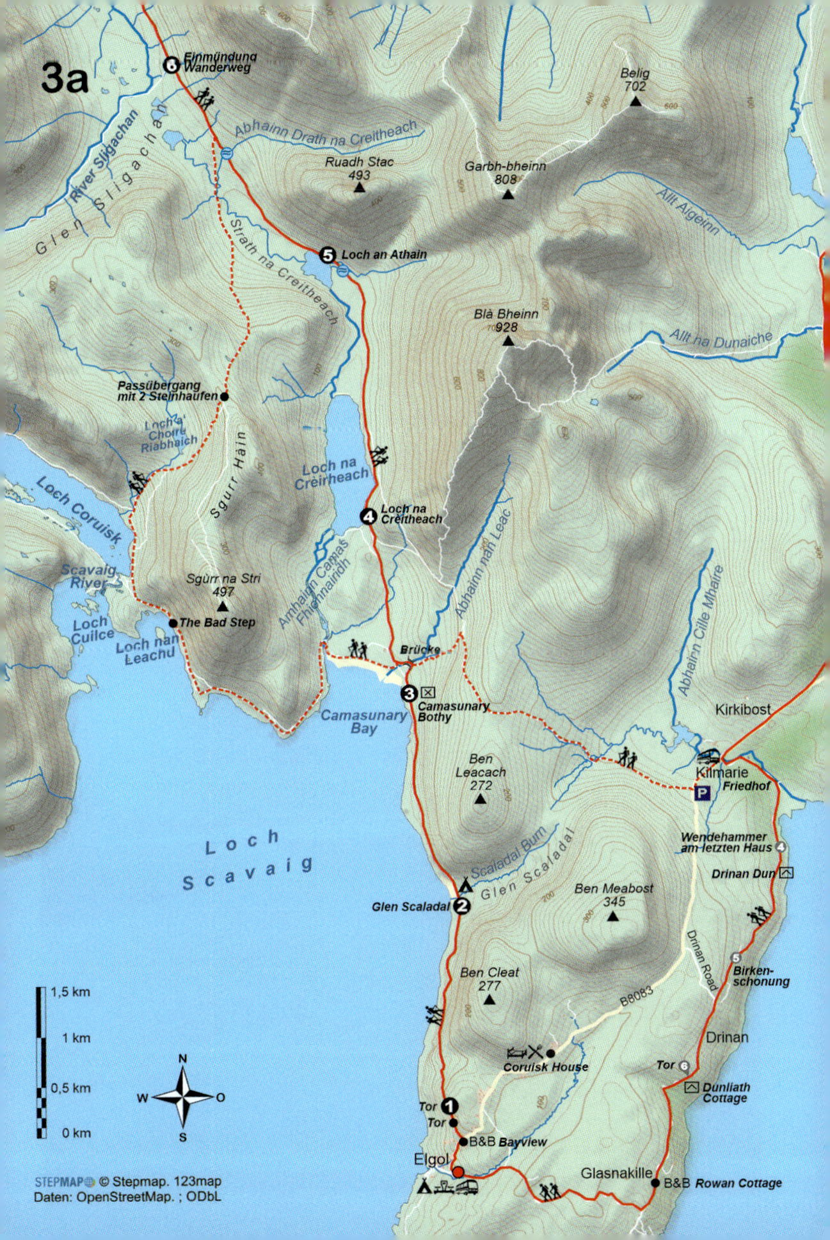
3a
Einmündung Wanderweg
Abhainn Drath na Creitheach
River Sligachan
Glen Sligachan
Ruadh Stac
493
Belig
702
Garbh-bheinn
808
Allt Aigeinn
Loch an Athain
Strath na Creitheach
Blà Bheinn
928
Allt na Dunaiche
Passübergang mit 2 Steinhaufen
Loch a' Choire Riabhaich
Sgurr Hain
Loch na Creitheach
Loch Coruisk
Loch na Creitheach
Scavaig River
Sgùrr na Stri
497
Amhainn Camas Fhionnairidh
Abhainn nan Leac
Abhainn Cille Mhaire
Loch Cuilce
The Bad Step
Loch nan Leachd
Brücke
Camasunary Bothy
Camasunary Bay
Kirkibost
Ben Leacach
272
Kilmarie
Friedhof
Wendehammer am letzten Haus
Drinan Dun
Loch Scavaig
Scaladal Burn
Glen Scaladal
Ben Meabost
345
Glen Scaladal
Drinan Road
Birkenschonung
Ben Cleat
277
B8083
Drinan
Coruisk House
Tor
Dunliath Cottage
Tor
Tor
B&B Bayview
Elgol
Glasnakille
B&B Rowan Cottage
1,5 km
1 km
0,5 km
0 km
N
W
O
S
STEPMAP © Stepmap. 123map
Daten: OpenStreetMap. ; ODbL

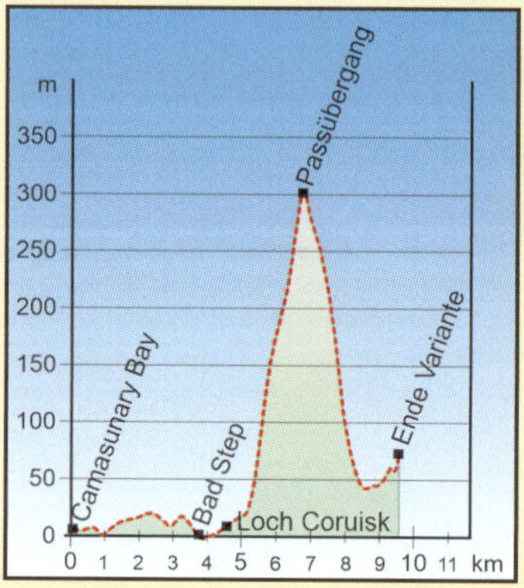

Von der Camasunary Bothy aus folgen Sie zunächst dem Weg zur Brücke oder queren den einmündenden Fluss am Strand (je nach Wasserstand). Entlang des Felsstrandes oder auf den Trampelpfaden in der Wiese kommen Sie links an dem ersten größeren weißen Haus vorbei und zur alten Camasunary Bothy am anderen Ende der Bucht. Diese Hütte steht zurzeit leer. Kurz dahinter kommen Sie an einen weiteren Fluss, den Sie überqueren müssen. Bei Flut oder einem hohen Wasserstand aufgrund der Niederschlagsmengen kommen Sie hier nicht trockenen Fußes rüber und müssen durch das mindestens knöcheltiefe Wasser. Bei trockenerem Wetter und Niedrigwasser können Sie möglicherweise Trittsteine nutzen.

Furten eines Baches

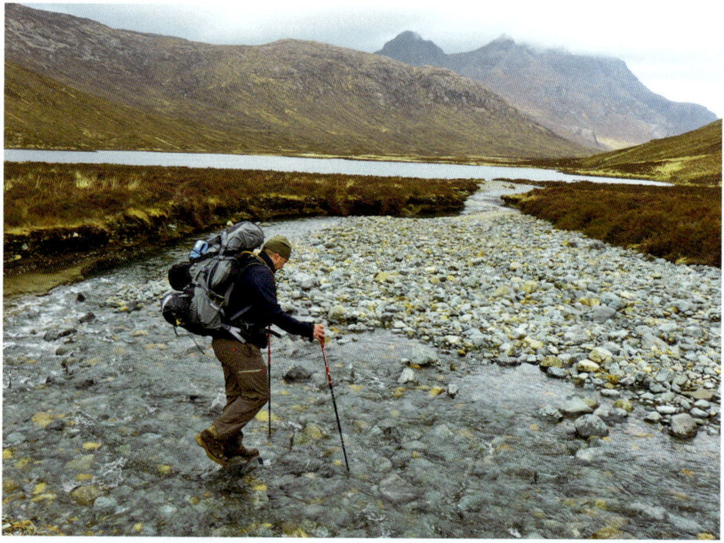

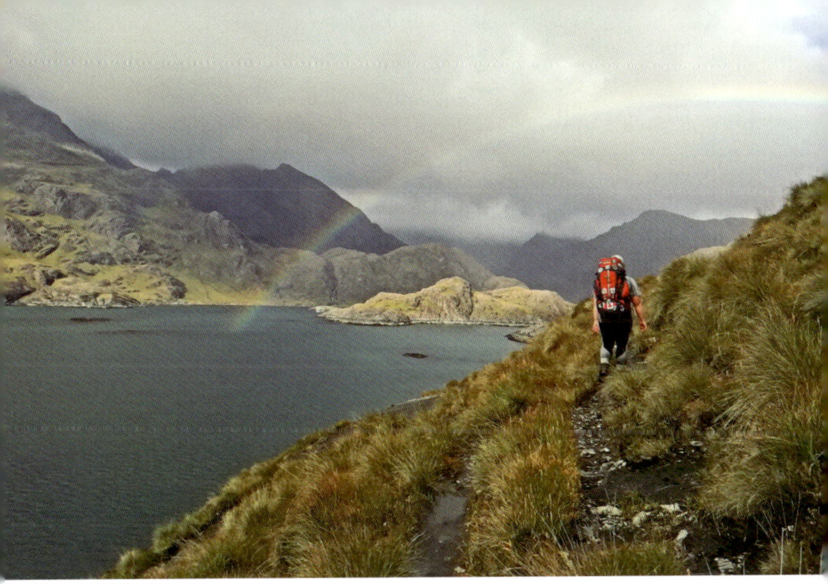

Regenbogen über dem Weg zum Loch Coruisk

Am anderen Ufer halten Sie sich direkt links. Einen Trampelpfad finden Sie kurz oberhalb des Strandes an der Einmündung des Flusses. Dieser führt immer etwas oberhalb der Wasserlinie entlang, manchmal etwas matschiger, manchmal etwas felsiger. An einer Stelle müssen Sie etwas aufsteigen, da Sie ansonsten an eine Felsspalte kommen, die Sie nicht überqueren können. Hier ist der richtige Pfad jedoch mit kleinen Steinhaufen markiert. Der Weg wird etwas undeutlicher, solange Sie etwas oberhalb des Wassers bleiben, können Sie sich aber kaum verirren. Der Pfad zieht sich um die Flanke des Sgurr na Stri herum und bald bekommen Sie noch bessere Ausblicke auf die nächste Bucht und die dahinterliegenden Gipfel der Black Cuillins.

Nach etwa 3,8 km kommen Sie an die Schlüsselstelle dieses Abstechers, den Bad Step. Der Pfad führt über große Felsen zu einer Nische, durch die Sie noch ganz gut hindurchkommen. Dann müssen Sie direkt oberhalb des Wassers auf einem Riss im Felsen entlang klettern. Schauen Sie am besten zunächst ohne Gepäck nach dem besten Weg. Am unteren Ende müssen Sie noch etwas balancieren, der Riss wird dann jedoch etwas breiter und bietet einen sicheren Stand. Er führt auf der anderen Seite des Felsens wieder hinunter.

Von hier geht es zunächst auf einem Trampelpfad und dann ein kurzes Stück weglos über Felsen hinunter zum Sandstrand, einem schönen Platz für eine

Pause. Über den Sand- und Felsstrand entfernen Sie sich vom Meer und gelangen durch eine Einkerbung in Richtung Loch Coruisk. Hier queren Sie noch einmal flache Felsabschnitte, die bei schlechtem Wetter und Nässe rutschig sein können. Belohnt werden Sie mit der einzigartigen Aussicht auf den See und die direkt dahinter steil aufragenden Flanken der Black Cuillins, sofern die Wolken nicht zu tief hängen.

Sie halten sich rechts und gehen auf dem ausgetretenen Pfad am Ufer des Sees entlang. Kurz bevor ein recht breiter Fluss in den See mündet, wendet sich der Pfad in Serpentinen nach rechts und steigt parallel zu dem Fluss an. Dieser stürzt in mehreren kleinen Stufen den Berg hinunter. Sie steigen immer weiter auf. Es gibt oft verschiedene Pfade, die meisten führen aber zum gleichen Ziel. Ab und zu sind Steinhaufen zur Markierung angelegt. Am oberen Ende des „Wasserfalls“ kommen Sie an den Loch a' Choire Riabhaich, an dem Sie ebenfalls rechts vorbeigehen. Sie können von hier schon den Pfad hinauf auf den Rücken des Sgurr Hàin sehen, dem Sie folgen müssen. Er zieht sich mal flacher, mal steiler und zum Schluss in Serpentinen bis auf den Sattel. Der Übergang ist mit zwei großen Steinhaufen markiert, von hier können Sie nach rechts auch einen (recht langen) Abstecher auf den Gipfel des Sgurr na Stri machen.

Auf dem Sattel des Sgurr Hain

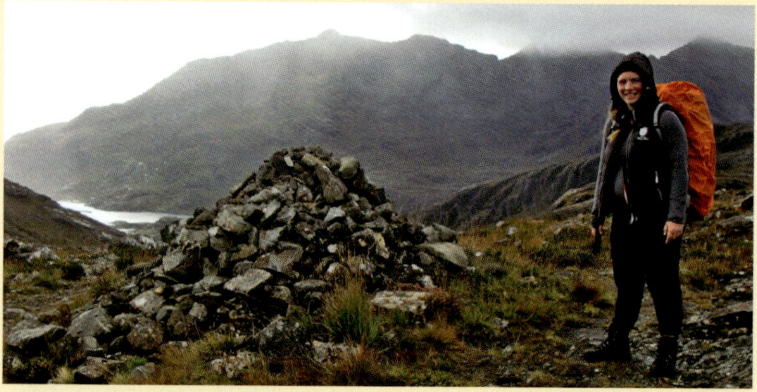

Nun wird der Weg deutlich besser, er ist jetzt eher schotterig und gut zu erkennen. Zunächst führt er steil den Berg hinunter, um dann unten immer flacher zu werden. Ca. 2,9 km nach dem Sattel erreichen Sie die mit Steinhaufen markierte Wegkreuzung mit dem Wanderweg, der nach Sligachan weiterführt.

Kurz nach der Hütte überqueren Sie einen kleinen Bach und halten sich dann an die Trampelpfade durch die Gras- und Heideflächen. Etwas entfernt vom Strand finden Sie eine Brücke über den einmündenden Fluss, die Sie überqueren. Sie kommen an einem weißen Haus vorbei und halten sich hier rechts. Auf einer malerischen Ruine steht auch ein großer Schriftzug „Sligachan" mit Pfeil, der die richtige Richtung weist. Jetzt sind Sie auf dem gut erkennbaren Wanderweg, der Sie bis nach Sligachan führen wird. Zunächst steigen Sie durch Marschwiesen und etwas Heide sanft auf und wandern dann zwischen dem Loch na Crèitheach ❹ zur Linken und dem Massiv des Bla Bheinn zur Rechten weiter. Bei gutem Wetter lohnt sich hier der Stopp am kleinen Strand des Lochs.

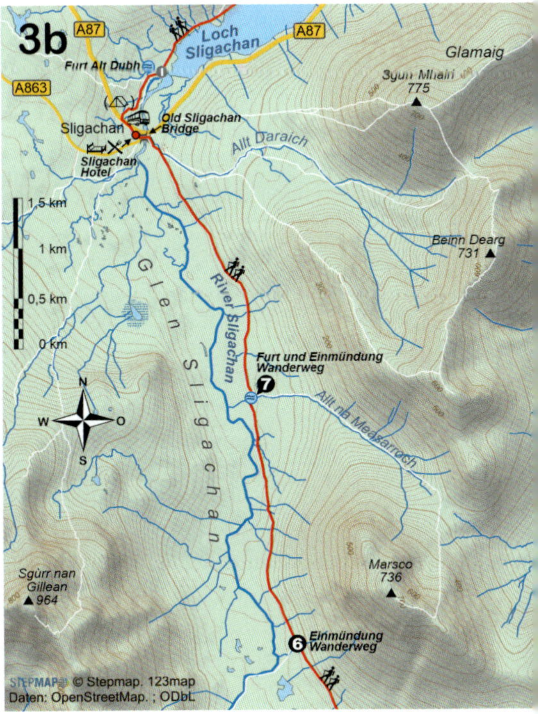

Den See lassen Sie links liegen und wandern im Tal weiter. Immer dem Weg folgend furten Sie einen Bach, bevor Sie an den kleineren Loch an Athain ❺ gelangen. Nach ca. 1,4 km furten Sie einen weiteren größeren Bach und kommen dann an eine Wegkreuzung, die mit Steinhäufchen markiert ist. Von links kommt ein Wanderweg hinzu, Sie folgen jedoch der bisherigen Richtung im Tal. Auch einen weiteren von links einmündende, Wanderweg ignorieren Sie ❻.

Cuillin Mountains

Beim Wandern durch das Glen Sligachan fällt der große Unterschied zwischen den beiden Bergketten sofort auf: zur Linken die wirklich schroffen Gipfel der

Black Cuillins und zur Rechten die sanften roten Hügel der Red Cuillins oder Red Hills. Entstanden sind beide Bergketten vor ca. 60 Millionen Jahren, beide sind wie die ganze Insel Skye vulkanischen Ursprungs. Als die nordamerikanische und die eurasische Platten auseinanderdrifteten, gab es zunächst einige Risse in der Erdkruste, durch die unter anderem die Isle of Skye entstanden ist. Etwas später bildete sich dann der Vulkan, dessen Wurzeln in den Black Cuillins noch heute sichtbar sind. Diese Berge bestehen nämlich aus dem im Inneren des Vulkans zu Gabbro und Basalt abgekühlten Magma, das dann durch Erosion über Millionen von Jahren frei gelegt wurde. Die Red Cuillins entstanden etwas später aus einem anderen Vulkanausbruch. Sie bestehen hauptsächlich aus rötlich schimmerndem, weicherem Granit, der ebenfalls durch Erosion zu den heute abgerundeten Hügeln geschliffen wurde.

Cuillin Mountains: Die roten und schwarzen Cuillins

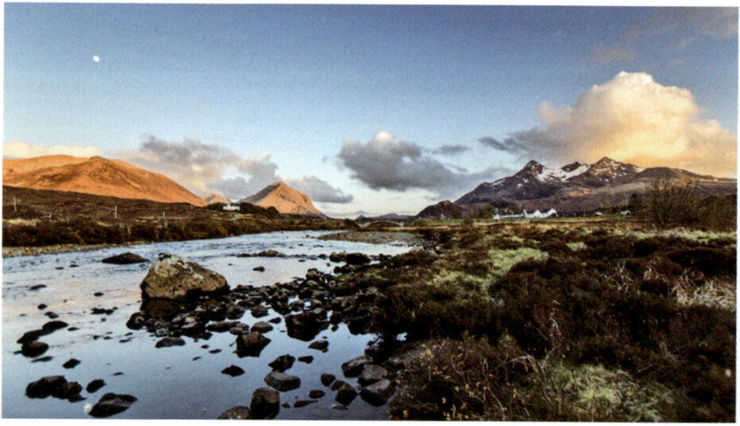

Das Tal wird breiter und Sie können bald entlang des River Sligachan schon das große Gebäude des Sligachan Hotels sehen, es verschwindet jedoch bald noch einmal für eine Weile aus dem Sichtfeld. Über wieder etwas grasigere Wiesen steigen Sie gemächlich ab. Bei einer weiteren Furt durch einen Fluss trifft ein Wanderweg von rechts auf Ihren Weg ❼, den Sie ebenfalls ignorieren. Sie gelangen nach ca. 2,9 km über die alte pittoreske Sligachan Bridge an die Straße und ans Sligachan Hotel.

Sligachan

🛏 (⛺) ✕ P 🚌

🛏 ✕ **Sligachan Hotel,** Sligachan, Isle of Skye, IV47 8SW, ☎ 014 78/65 02 04, 💻 http://www.sligachan.co.uk/the-hotel, ✉ reservations@sligachan.co.uk, 🚪 ganzjährig, ÜF ab £ 60 im EZ, ab £ 135 im DZ, @, 🐕 (in einigen Räumen), direkt am Skye Trail. Die Seumas' Bar im Hotel ist vor allem für die über 400 Single Malt Whiskys bekannt, serviert aber auch sehr gute, herzhafte, einfache Mahlzeiten wie natürlich Fish'n Chips, Burger oder Steak, aber auch vegetarische Mahlzeiten in angenehmer, lockerer Atmosphäre, 🚪 Lunch 12:00 bis 15:00, Dinner 17:00 bis 21:00, dazwischen für Getränke geöffnet.

(⛺) **Sligachan Campsite**, Sligachan, Isle of Skye, IV47 8SW, ☎ 07 78 64/ 3 52 94, 💻 https://www.ukcampsite.co.uk/sites/details.asp?revid=1729, 🚪 29. März bis 20. Oktober, direkt am Skye Trail (☞ Wegbeschreibung 4. Etappe). Zum Zeitpunkt der Recherche stand noch nicht fest, ob dieser Campsite 2022 wieder öffnet, bitte erkundigen Sie sich vor Abreise danach.

🚌 Es gibt verschiedene Busverbindungen nach Portree und Broadford, bzw. weiter bis nach Armadale. Bitte prüfen Sie die genauen Abfahrtzeiten vor Ihrer Abreise.

Old Sligachan Bridge

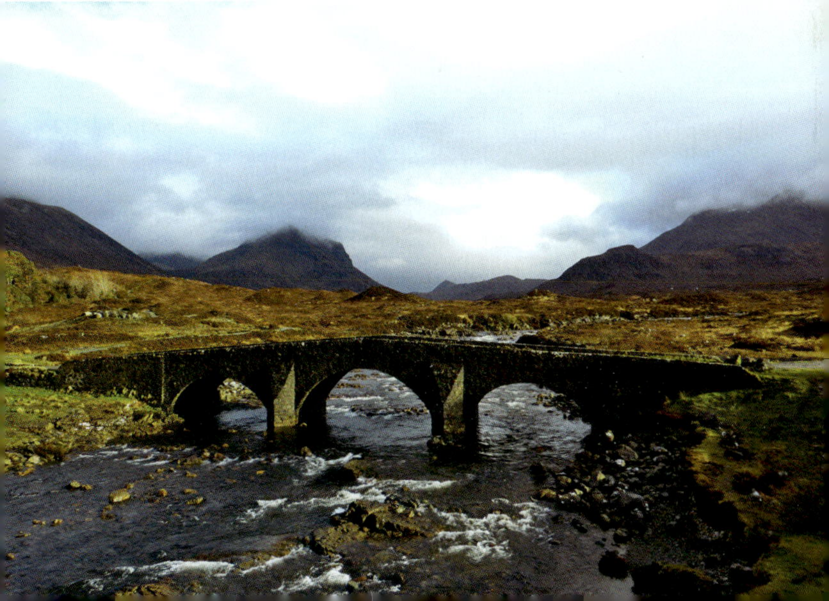

Sligachan ist eine kleine Siedlung direkt an der A87. Als erstes ins Auge fällt sicherlich die alte, kaum noch benutzte Brücke, die mit den schroffen Gipfeln der Black Cuillins im Hintergrund ein sehr schönes und beliebtes Fotomotiv darstellt. Der Ort gilt als sehr guter Startpunkt für Wanderungen oder Klettertouren in die Berge und bietet mit dem Sligachan Hotel und den angeschlossenen Restaurants und Bars interessante Einkehrmöglichkeiten. So können z. B. in der Seamus' Bar im Erdgeschoss des Hotels über 400 Whiskys aus allen Ecken Schottlands probiert werden.

Whisky – das schottische Lebenswasser

Wie so vieles ist auch der Whisky eng mit der kulturellen Identität Schottlands verbunden. Auch wenn nicht klar ist, ob Whisky nun zuerst in Irland oder in Schottland destilliert wurde, ist das schottische Nationalgetränk doch nicht wegzudenken. Das „Wasser des Lebens“, gälisch *uisge beatha*, wird aus Quellwasser, Gerste und Hefe hergestellt. Dafür wird zunächst die Gerste gemälzt, also zum Keimen gebracht und dann getrocknet. Durch die Trocknung über Torffeuern wird das gerade für die Whiskys der Inseln so typische rauchige Aroma in die Gerste gebracht. Das Gerstenmalz wird als Nächstes geschrotet und mit heißem Wasser aufgegossen. Es entsteht die sogenannte Würze, der dann Hefe zugesetzt wird. Nun fermentiert das Gemisch ähnlich wie beim Bierbrauen, bevor es destilliert wird. Das geschieht meist in Kupferbrennblasen, wobei die Dauer des Kontaktes des Destillates zum Kupfer Einfluss auf den Geschmack des Whiskys haben kann. Die Dämpfe werden wieder kondensiert und durch den Brennmeister in drei unterschiedliche Teile „geschnitten“. Der Anfang und das Ende werden recycelt und im nächsten Brennvorgang weiter benutzt, der Mittelteil ist der, der weiterverarbeitet wird. Durch die Auswahl, wo die Schnitte gesetzt werden, nimmt der Brennmeister wieder Einfluss auf den Geschmack und die Stärke des Alkohols. Der Mittelteil wird dann in Fäs-

Whisky-Sammlung in Seumas' Bar

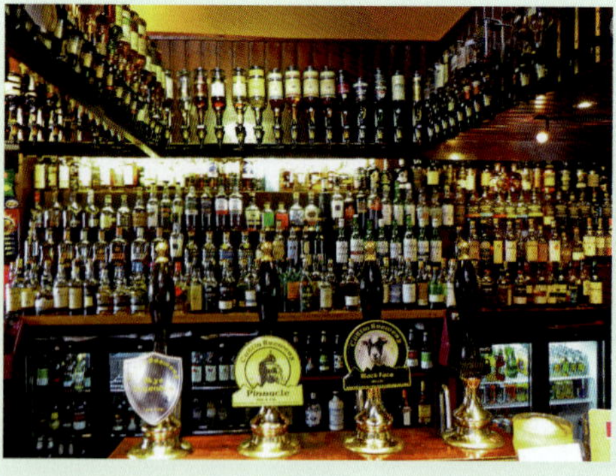

sern gelagert, für schottischen Whisky mindestens drei Jahre, meistens deutlich länger. Je nachdem, was für ein Fass verwendet wird (z. B. ehemalige Bourbon-, oder Sherryfässer), bekommt der Whisky ebenfalls noch einmal unterschiedliche Geschmacksrichtungen. Single Malt Whiskys werden dann aus verschiedenen Fässern der einzelnen Destille abgefüllt, Whiskys aus nur einem Fass heißen Single Cask Whisky. Blended Whiskys sind „gemischte“ Whiskys aus verschiedenen Destillerien.

Whisky wird ohne Eis getrunken, da sich so die Aromen des Whiskys besser entfalten können. Akzeptabler ist es, den Whisky mit einem Tropfen Quellwasser zu mischen, denn dadurch kommen oft noch neue Aromen zum Vorschein. Zugeprostet wird sich auf Gälisch mit slàinte mhath (slaan-dsche-wa gesprochen).

Insgesamt sind die Whiskys der Lowlands wohl die weichsten und sanftesten Whiskys, dann folgen die Whiskys der Highlands und der Speyside und am rauchigsten sind meist die Whiskys, die auf den Inseln entstanden sind (Ausnahmen bestätigen natürlich die Regel).

4. Etappe: Sligachan nach Portree

19,1 km, 6 Std., ↑ 303 m, ↓ 302 m, ⇧ 0-91 m

0,0 km	⇧ 7 m	Sligachan
3,3 km	⇧ 12 m	Wasserfall
5,5 km	⇧ 13 m	Wanderparkplatz
12,7 km	⇧ 69 m	Abzweig nach Camastianavaig
14,4 km	⇧ 51 m	Parkplatz
15,2 km	⇧ 37 m	Straßenkreuzung
15,7 km	⇧ 3 m	Brücke und Abzweig zum Pfad entlang des Flusses
17,4 km	⇧ 18 m	Straße
19,1 km	⇧ 12 m	Portree

Von Sligachan aus geht es heute zunächst über zwei Flüsse, die bei schlechtem Wetter schwierig zu furten sein können. Danach folgen Sie auf bequemen Wegen dem Loch Sligachan und wandern dann durch die „Braes“, eine weitgestreckte idyllische Siedlung von Häusern bis zur Inselhauptstadt Portree.

Auf dieser Etappe sind zwei Flüsse zu überqueren, die nach starkem Regen schwer oder gar nicht zu furten sein können. In dem Fall können Sie mit

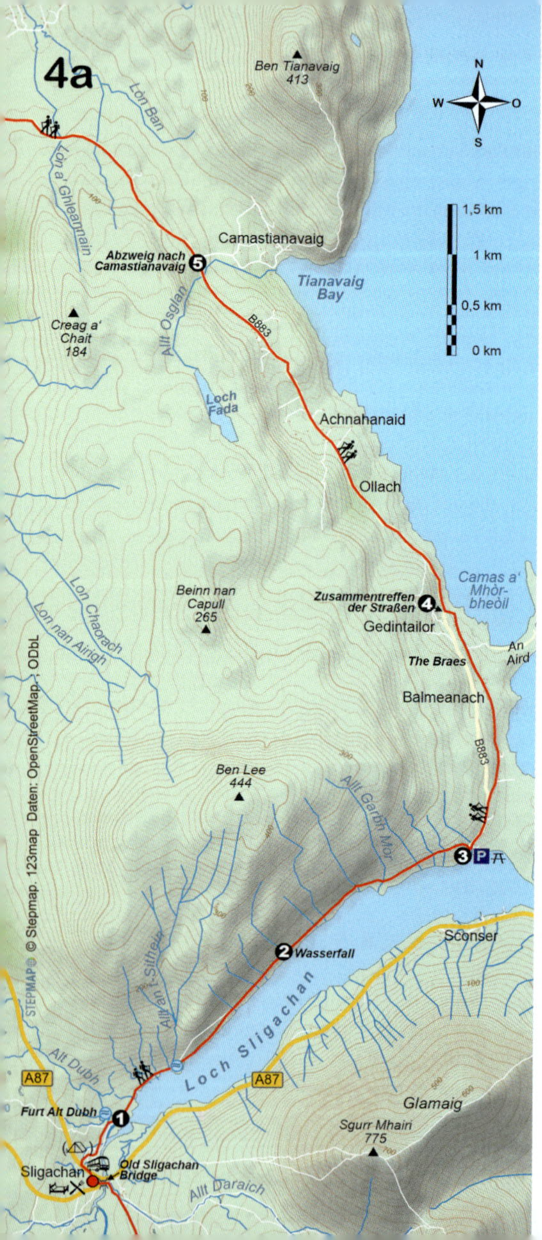

dem Bus von Sligachan nach Portree fahren. Einen Weg, die Furten zu umgehen, gibt es nicht. Sie können beim Hotel oder beim Campingplatz nach dem Wasserstand fragen, wenn Sie sich unsicher sind. Allerdings liegen die Flüsse ziemlich am Anfang der Etappe, sodass Sie schnell wieder an der Bushaltestelle sind, falls Sie umkehren müssen.

Vom Sligachan Hotel aus folgen Sie der Straße an der Bushaltestelle vorbei in Richtung Portree bis zum Trampelpfad der rechts der Straße zum Campingplatz führt. Sie überqueren den Campingplatz, bis Sie kurz vor dem Ende des Platzes einen Weg finden, der halb rechts parallel zum Fluss weiterführt. Bald furten Sie den Allt Dubh ❶ und folgen der Küstenlinie weiter in Richtung Nordosten. Sie kreuzen den Allt an t-Sithein und genießen die Ausblicke über den Loch Sligachan und den gegenüber liegenden Berg Glamaig.

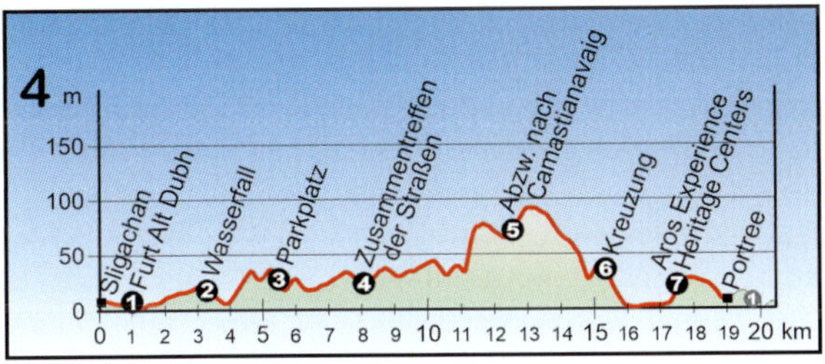

Ca. 3,3 km nach dem Start in Sligachan überqueren Sie einen Bach mit einem schönen Wasserfall ❷. Bald darauf stoßen Sie bei einem **P** Wandererparkplatz mit Tisch und Bänken auf eine asphaltierte Straße ❸. Sie folgen ihr. Nach 600 m kommen Sie an eine Gabelung, Sie können beide Straßen nehmen. Vorbei an einigen Häusern der Braes und der vorgelagerte Halbinsel An Aird kommen Sie nach ca. 2 km an den Punkt, an dem beide Straßen wieder aufeinandertreffen ❹.

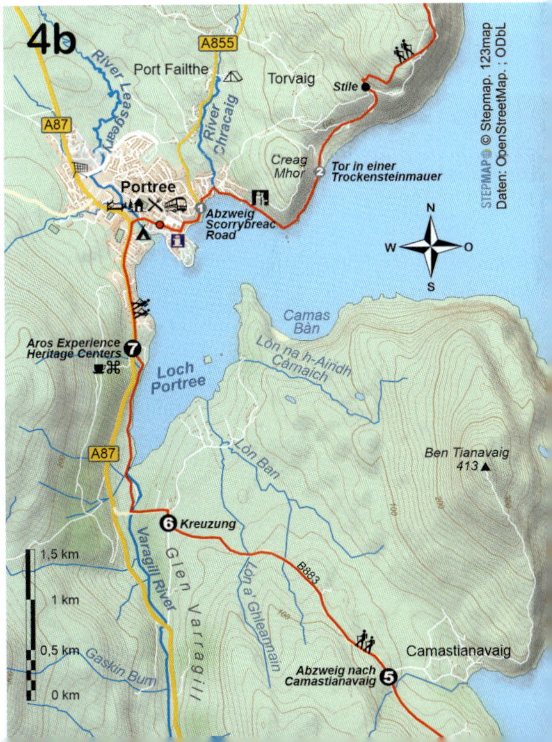

Battle of the Braes

Während der ☞ Highland Clearances wurde den Crofters in der Region südlich von Portree zunächst verboten, ihr Vieh auf den bis dahin genutzten Flächen weiden zu lassen. Das ließen sich die Menschen dort jedoch nicht gefallen und verweigerten ihrem Landlord die Pacht, bis das Problem der Viehweiden geklärt wäre. Der Landlord hat sich daraufhin an die Polizei gewandt, um die Gegend räumen zu lassen. Der Polizist, der im April 1882 vorbeikam, konnte sich jedoch gegenüber den Crofters nicht durchsetzen und musste sogar die Räumungsbefehle verbrennen. Er forderte Unterstützung an. 50 zusätzliche Polizisten rückten an und versuchten, die Räumungsbefehle durchzusetzen. Die Crofters wehrten sich mit Steinen, Stöcken und allem anderen, was irgendwie als Waffe taugte. Bei den Unruhen wurden mehrere Personen verletzt und später einige Crofter verhaftet und für den Aufruhr auch bestraft. Die Aufmerksamkeit, die dieser Vorfall in größeren Teilen der Bevölkerung erregte, führte jedoch letztlich dazu, dass das erste Gesetz zum besseren Schutz für die Crofter erlassen wurde, sodass diese Form der Landwirtschaft heute noch existiert.

Ohne Schwierigkeiten folgen Sie der Straße für weitere 7,2 km Richtung Portree. Den Abzweig nach Camastianavaig ❺ ignorieren Sie.

An der scharfen Rechtskurve ignorieren Sie die Straße, die von links kommt ❻. Kurz darauf biegen Sie an der Kreuzung links ab und kommen in das Tal des Varagill River. Auf der Straße überqueren Sie den Fluss und nehmen dann den Pfad an seinem Ufer nach rechts.

Blick auf Portree und den Old Man of Storr

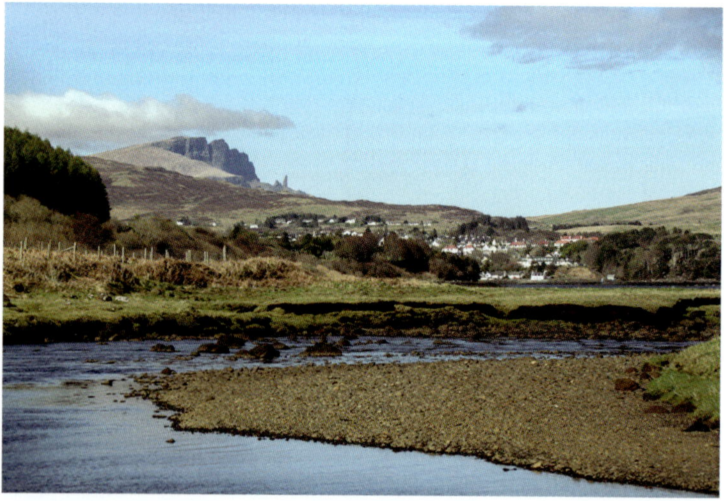

Auf manchmal schwer sichtbaren Pfaden folgen Sie dem linken Ufer des sich öffnenden Flussdeltas mit ersten Blicken auf Portree und den Old Man of Storr am Horizont. Etwa 1,5 km nach der Flussüberquerung steigen Sie zur Straße auf und treffen diese in Höhe des ☕ ⌘ Aros Experience Heritage Centers ❼. Sie folgen der Viewfield Road auf dem Bürgersteig nach rechts und biegen nach ca. 1,3 km rechts auf die Bridge Road ab. Diese führt Sie bis in den Ortskern. ⛺ Am öffentlichen 🅿 Parkplatz gibt es eine kleine Fläche am Wasser, auf der auch zelten erlaubt ist.

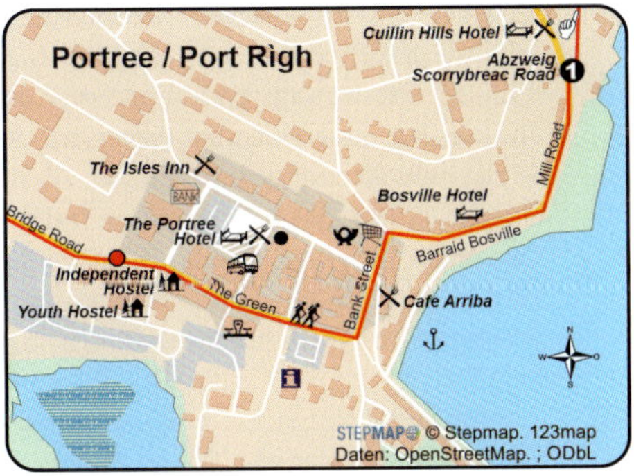

Portree

🛈 **Portree iCenter**, Bayfield House, Bayfield Rd, Portree, Isle of Skye, IV51 9EL, ☏ 014 78/61 29 92, ✉ portree@visitscotland.com, 🚪 Ende April bis Ende Oktober: täglich 9:00 bis 17:00, Öffnungszeiten können täglich variieren und im Winterhalbjahr abweichen, @

🛏 ✕ **The Portree Hotel**, Somerled Square, Portree, Isle of Skye, IV51 9EL, ☏ 014 78/61 25 11, 💻 http://theportreehotel.com/, ✉ contact@theportreehotel.com, 🚪 ganzjährig, ÜF ab £ 65 im DZ, @, 80 m vom Skye Trail entfernt, im hauseigenen Restaurant wird täglich Mittag und Abendessen serviert.

♦ **Cuillin Hills Hotel**, Portree, Isle of Skye IV51 9QU, ☏ 014 78/61 20 03, 💻 https://www.cuillinhills-hotel-skye.co.uk/, ✉ reception@cuillinhills.co.uk, 🚪 ganzjährig, ÜF ab £ 99 im Winter, ab £ 245 im Sommer, @, 290 m vom Skye Trail entfernt, im hauseigenen Restaurant wird täglich Mittag und Abendessen serviert.

🛏 **Bosville Hotel**, Bosville Terrace, Portree, Isle of Skye IV51 9DG, ☏ 014 78/61 28 46, 💻 https://perlehotels.com/the-bosville/, ✉ reservations@bosvillehotel.co.uk, 🚪 ganzjährig, Ü ab £ 90 im EZ/DZ (Wintersaison) ab £ 214 im EZ/DZ (Mai-September), F £ 14 kontinentales und englisches Frühstück, @, 🥾, direkt am Skye Trail

Portree Youth Hostel, Lisigarry Ct, Portree, Isle of Skye, IV51 9EW, ☏ 014 78/61 22 31, 💻 https://www.hostellingscotland.org.uk/hostels/portree/,

portree@hostellingscotland.org.uk, ganzjährig, Ü £ 26 pro Person im MBZ, £ 72 im DZ, F £ 5,50, am Weg, @, , , Küche und Aufenthaltsräume sind vorhanden

♦ **Portree Independent Hostel**, The Old Post Office, The Green, Portree, IV51 9BT, ☏ 014 78/61 37 37, https://www.hostelskye.co.uk/, skyehostel@yahoo.co.uk, ganzjährig, Ü ab £ 18 im MBZ, @, , , große Küche zur Selbstversorgung vorhanden, direkt am Skye Trail

✕ **The Isles Inn**, Somerled Square, Portree, IV51 9EH, ☏ 014 78/61 21 29, http://www.accommodationskye.co.uk/, info@accommodationskye.co.uk, täglich 8:00 bis 1:00, 100 m vom Skye Trail entfernt

♦ **Café Arriba**, Quay Brae, Gladstone Buildings, Portree, IV51 9DB, ☏ 0 14 78/ 61 18 30, https://www.cafearriba.co.uk/, im Winter Mittwoch bis Sonntag 9:00 bis 16:00, im Sommer Dienstag bis Sonntag 8:00 bis 17:00, direkt am Skye Trail

Zentraler Busbahnhof der Isle of Skye am Somerled Square. Hier fahren nicht nur die lokalen Busse ab, sondern z. B. auch die überregionalen Busse nach Glasgow.

Portree Hafen

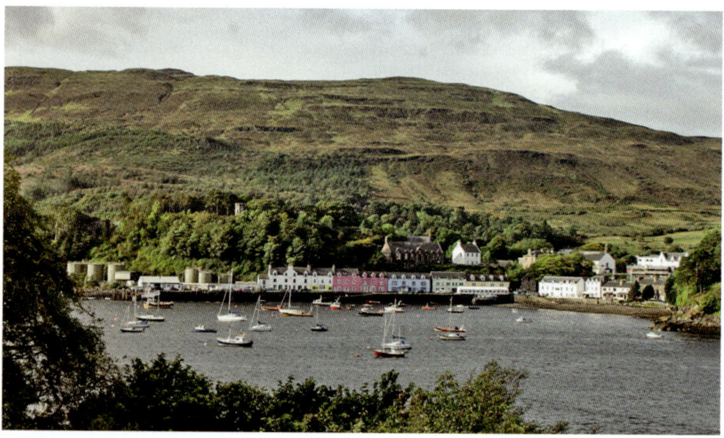

Der Name Portree leitet sich angeblich vom gälischen Port-an-Righ (Hafen des Königs) ab und hat seinen Ursprung im Besuch vom schottischen König James V. 1540 n. Chr. Dieser nutze den natürlichen Hafen der kleinen Stadt, um auf den

Inseln Präsenz zu zeigen. Ein anderer Ansatz ist die Herkunft des Namens vom gälischen Wort für Port on the Slope (Hafen am Abhang/Berghang), denn die Gegend soll bereits vor der Ankunft des Königs Portree oder Portray genannt worden sein. Der Hafen wurde dann im 18. Jahrhundert weiter ausgebaut und für Fischfang und als Fährhafen genutzt.

Heute ist Portree das wirtschaftliche Zentrum der Isle of Skye. Mit seinem malerisch gelegenen Hafen mit bunter Häuserzeile und den Einkaufsmöglichkeiten rund um den Somerled Square eignet sich Portree hervorragend als zentraler Punkt der Wanderung auf dem Skye Trail und eventuell sogar für einen Pausentag. Hier ist der zentrale Busbahnhof der Insel, es gibt eine sehr gute Touristeninformation und natürlich einen Outdoorladen, um fehlende oder beschädigte Ausrüstung zu ersetzen. Ein Supermarkt liegt direkt am Trail, sodass hier auch gut Proviant aufgefüllt werden kann, wenn man nur auf der Durchreise ist. Polizeistation, Hostels, Hotels, Post und Bank sind alle rund um den zentralen Somerled Square verteilt.

5. Etappe: Portree – Storr Lochs Road End

13,5 km, 5 Std., ↑ 550 m, ↓ 410 m, ⇧ 3-392 m

0,0 km	⇧ 12 m	Portree
1,1 km	⇧ 5 m	Parkplatz und Infotafel
1,3 km	⇧ 11 m	Denkmal
2,3 km	⇧ 14 m	Tor/Trockensteinmauer
5,9 km	⇧ 392 m	Gipfelmarkierung Sithean Bhealaich Chumhaing
12,2 km	⇧ 126 m	Straße an Bearreraig Bay
13,5 km	⇧ 150 m	A855/Bushaltestelle Storr Lochs Road End

Die heutige Strecke führt zunächst auf einem Teil des Scorrybreac Circuit aus Portree heraus und dann entlang der Steilküste mit wunderbaren Blicken auf das Festland und die Insel Raasay. Vor Augen haben Sie die berühmte Felsnadel Old Man of Storr, an der Sie auf der nächsten Etappe vorbeikommen werden.

In Portree folgen Sie zunächst weiter der Bridge Road bis zur Bosville Terrace. Diese führt leicht bergauf mit schönem Blick auf den farbenfrohen Hafen Portrees. Nach 600 m biegen Sie rechts auf die Scorrybreac Road ab ❶, halten sich auf dieser immer rechts und folgen ihr bis zum Ende. Dann geht es an einem kleinen Parkplatz mit Infotafel und etwas später an einem Bootshaus mit Rampe vorbei.

Sie gehen einen kleinen Hügel hinauf und kommen an eine Brücke. Hier endet der Asphalt und der Weg wird zu einem Schotterweg. Kurz nach einem hölzernen Tor sehen Sie auf der linken Seite etwas erhöht ein Denkmal des Nicolson Clans mit Flaggenmast. Ein kurzer Abstecher zu diesem Aussichtspunkt lohnt sich auf jeden Fall, der Blick zurück auf die Bucht von Portree ist großartig.

Weiter geht es auf dem schmalen, oft schattigen Pfad um die Landzunge herum. Meist ist er einfach zu gehen, stellenweise jedoch etwas steinig. Der Blick öffnet sich nach Norden und der gewaltige Felsen des Creag Mhor kommt in Sicht. Sie erreichen nach 1 km eine Trockensteinmauer mit Tor ❷ und dahinter liegender Wiese. Allerdings wenden Sie sich zunächst entlang der Mauer nach links und überqueren die Mauer erst ein Stück weiter bei einem eingestürzten Stück, das zeitweise mit einem Tor geschlossen ist. Die hinter der Mauer liegende Wiese kreuzen Sie nun auf dem gut sichtbaren Trampelpfad und gewinnen dabei bereits an Höhe. Sie kommen durch ein Tor, das zwei Weiden voneinander trennt. Der Trampelpfad führt weiter quer über die Wiese, Sie wollen die linke obere Ecke der Weide erreichen.

Bereits hier haben Sie grandiose Ausblicke zurück auf den Ben Tianavaig, die Insel Raasay und das Festland. Sie erreichen einen Einschnitt im Gelände, queren den kleinen Bach, der hier fließt, und folgen ihm steil bergauf, ohne den parallel verlaufenden Zaun zu übersteigen. Im Verlauf des Aufstieges queren Sie den Bach noch einmal, folgen ihm aber weiter bergauf. Oben können Sie über einen *stile* den Zaun überqueren. Hier verschwindet der Pfad etwas im Gras, Sie folgen jedoch zunächst der kleinen Einkerbung geradeaus weiter und wenden sich dann auf den Schafspfaden insgesamt etwas nach rechts.

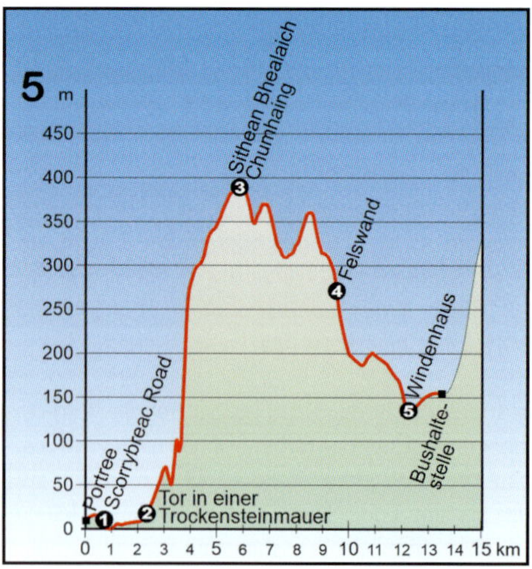

In Serpentinen geht es recht steil den Hang hinauf, Ihr grobes Ziel ist die Steilküste. Die Aussicht wird bei gutem Wetter immer besser und reicht bis zu den Cuillins zurück. Weiter oben wird der Pfad wieder deutlicher und die Steigung wird geringer. Der Pfad zieht sich etwas nach links um eine Hügelkuppe herum und verläuft nun parallel zur Abbruchkante der Steilküste. Dieser folgen Sie ab jetzt mal auf einem Trampelpfad, mal auch weglos. Je nach Wetter kann der Boden hier auch einmal matschig sein.

An der höchsten Stelle der Steilküste kommen Sie an der Gipfelmarkierung des Sithean Bhealaich Chumhaing ❸ vorbei. Immer mal wieder finden Sie hier auch Trampelpfade, ein richtiger, durchgehender Weg existiert jedoch nicht. Kurz nach der Gipfelmarkierung entfernt sich die Abbruchkante, der Sie folgen, etwas vom Wasser. Sie bleiben jedoch für die nächsten 3,7 km auf der höchsten Stelle des Kamms. Mit leichten Auf- und Abstiegen erklimmen Sie insgesamt drei „Gipfel“ bevor Sie der Abbruchkante etwas nach links folgen.

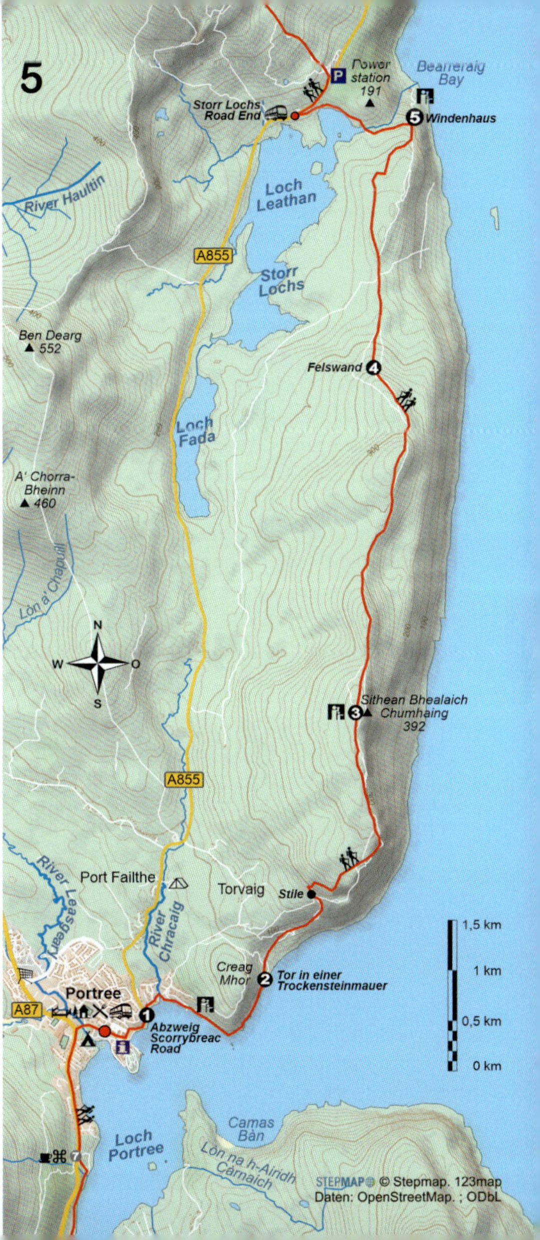

An einer quer verlaufenden abfallenden Felswand ❹ steigen Sie noch einmal deutlich ab. Links sehen Sie schon seit einiger Zeit die beiden Storr Lochs mit einem Damm am nördlichen Ende des größeren Sees. Sie wandern nördlich weglos durch zunehmend feuchtes Gebiet und kommen nach ca. 2,7 km zu einem Windenhaus ❺, das zur Storr Lochs Hydro Station gehört.

Storr Lochs Hydro Station

Am Nordende der Storr Lochs (bestehend aus den Lochs Fada und Leathan) wurde Anfang der 1950er-Jahre ein Wasserkraftwerk gebaut, um damit die ganze Isle of Skye mit Strom zu versorgen. Dafür wurde zunächst der Loch Leathan durch einen Damm über den Bearreraig Fluss aufgestaut. Um in trockeneren Zeiten trotzdem genug Wasser für die Stromgewinnung zu haben, wurde im Anschluss auch ein kleiner Kanal zum Loch Fada gegraben. Durch zwei Rohrleitungen wird das Wasser vom Damm runter zum Kraftwerk befördert.

Das inzwischen modernisierte Kraftwerk ist nach wie vor Teil der Stromversorgung der Highlands und produzierte über Jahrzehnte durchschnittlich 8 Gigawatt-Stunden im Jahr. Um Personen und Güter zum Kraftwerk bringen zu können, ohne die steile Treppe mit 647 Stufen benutzen zu müssen, wurde eine Seilbahn gebaut, deren Windenhaus oben auf der Klippe steht.

Blick zurück nach Süden

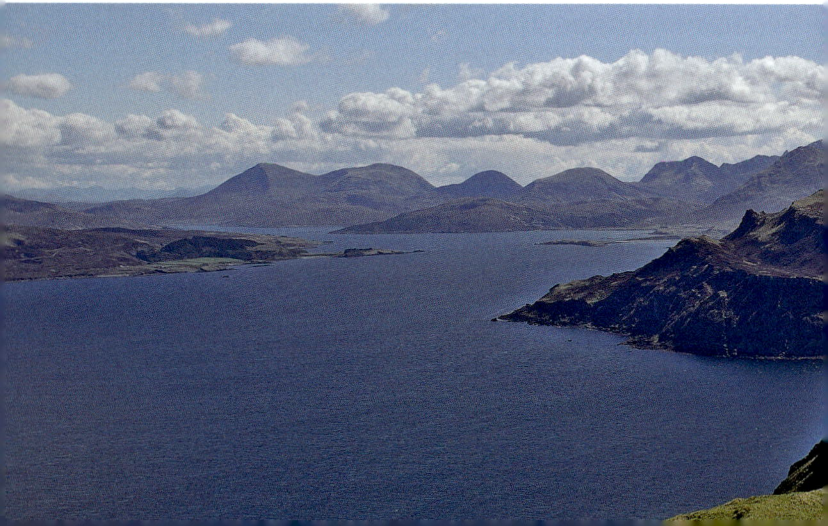

Rechts vom Haus gibt es einen kleinen Weg hinunter zu einem Aussichtspunkt auf die Bearreraig Bay.

Es ist auch möglich, hier weiter abzusteigen und die Bucht, die für ihre Fülle an Fossilien bekannt ist, zu erkunden.

Sie wenden sich am Windenhaus nach links und folgen dem Fahrweg. Sie überqueren den Damm und folgen der Straße, bis Sie an der Bushaltestelle „Storr Lochs Road End“ an die A855 kommen. Von hier können Sie einen Bus zurück nach Portree (☞ Infos zum Ort S. 72) oder nach Flodigarry (☞ Infos zum Ort S. 85) nehmen, falls Sie dort übernachten.

Die zwei Buslinien 57A und 57C fahren montags bis samstags sechsmal täglich ab Portree in jede Richtung um die nördliche Trotternish Halbinsel und bedienen so den Großteil der zweiten Hälfte des Skye Trail. Eine Fahrt um die gesamte Halbinsel dauert ca. zwei Stunden. Von dem Old Man of Storr Carpark fährt der letzte Bus nach Portree um 19:25 (Dauer ca. 15 Minuten) und nach Flodigarry um 18:10 (Dauer ca. 25 Minuten). In der Nebensaison können die Abfahrtzeiten abweichen, prüfen Sie also vor Abreise noch einmal die aktuellen Fahrzeiten.

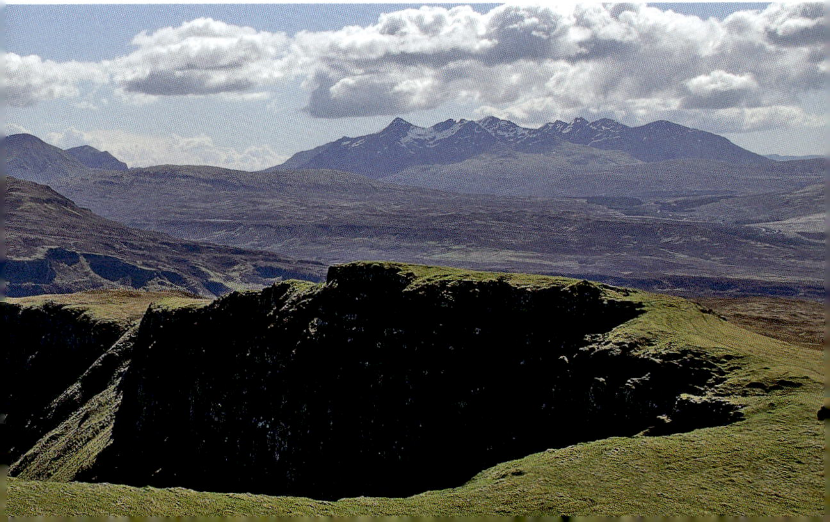

6. Etappe: Storr Lochs Road End – Flodigarry

27 km, 10 Std., ↑ 1.508 m, ↓ 1.587 m, ⇧ 71-676 m

0,0 km	⇧ 150 m	A855/Bushaltestelle Storr Lochs Road End
0,5 km	⇧ 168 m	Parkplatz Old Man of Storr
1,9 km	⇧ 396 m	Old Man of Storr
3,8 km	⇧ 582 m	Abzweig Gipfelaufstieg The Storr
5,9 km	⇧ 669 m	Gipfel Hardaval
9,0 km	⇧ 639 m	Gipfel Baca Ruadh
10,6 km	⇧ 609 m	Gipfel Creag a' Lain
15,2 km	⇧ 611 m	Gipfel Bein Edra
20,3 km	⇧ 466 m	Gipfel Biodha Buidhe
21,9 km	⇧ 255 m	Parkplatz Quiraing, Abzweig nach Staffin (3,6 km)
24,5 km	⇧ 304 m	Abzweig nach Flodigarry
26,3 km	⇧ 102 m	A855
27,0 km	⇧ 71 m	Flodigarry

Die heutige Etappe ist bei gutem Wetter die „Königsetappe" des gesamten Weges. Sie starten an einem der Wahrzeichen der Insel und wandern dann entlang der Trotternish Ridge bis zum mystischen Quiraing. Dieses wird noch durchquert, bevor Sie dann nach Flodigarry absteigen.

Diese Etappe sollte nur bei gutem Wetter in Angriff genommen werden, da Sie Wind und Wetter hier oben für lange Zeit ungeschützt ausgesetzt sind.

An der Bushaltestelle Storr Lochs Road End starten Sie und gehen entlang der A855 nach Norden. Nach 500 m erreichen Sie den Parkplatz des Old Man of Storr. Dem sehr gut ausgebauten Weg folgen Sie bis zu den berühmten Steinformationen hinauf. Vorbei am Old Man ❶ und dem Needle Rock steigen Sie zum Teil steil auf ausgewaschenen, aber sehr gut erkennbaren Pfaden auf.

Der Pfad führt dicht an die hinter den Felsformationen aufragende Felswand heran. Auf der rechten Seite gibt es einen schönen Aussichtspunkt bevor Sie an einen kleinen Zaun kommen, den Sie übersteigen. Danach führt der Pfad an einer Steilwand entlang um eine Felsnase herum nach links. Es gibt ein, zwei kleine steile Stellen, an denen die Hände zu Hilfe genommen werden müssen.

↳ Wenn Sie kurz danach weglos steil nach links aufsteigen, haben Sie noch einmal einen schönen Ausblick über einen kleinen Kamm auf den Old Man of Storr und die dahinter liegenden Storr Lochs.

Zurück auf dem weiterhin gut ausgebauten Weg kommen Sie sanft ansteigend in einem großen Bogen an der Flanke des Berges entlang. Schließlich erreicht der Pfad den Rücken des breiten Bergkammes und verliert sich hier im Gras. Weglos folgen Sie dem Kamm ein Stück bergauf.

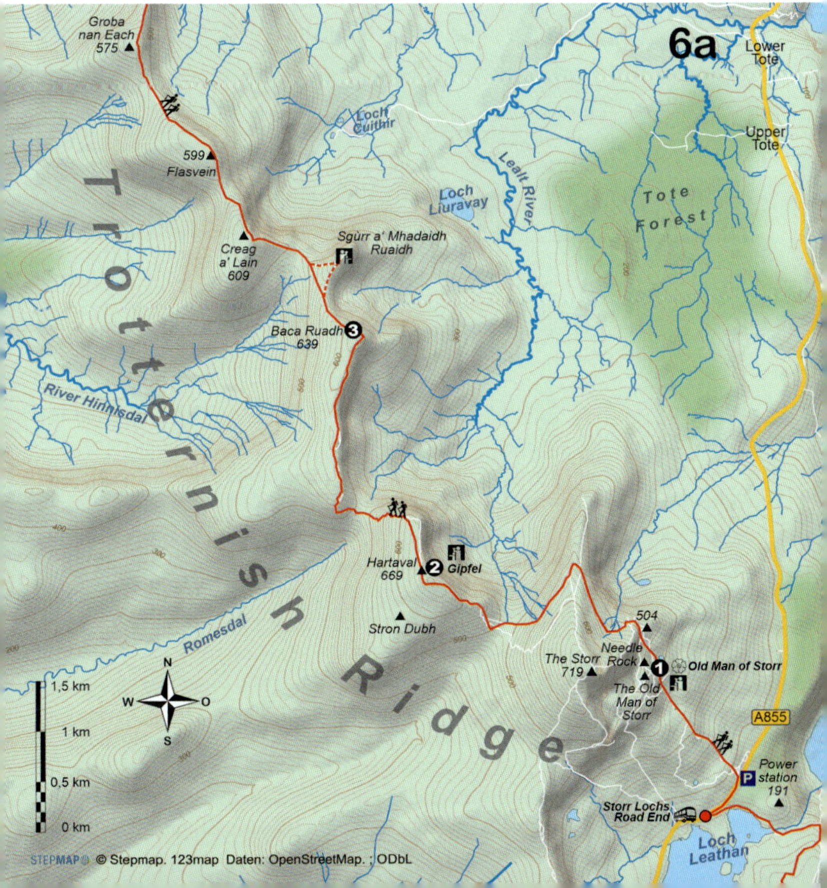

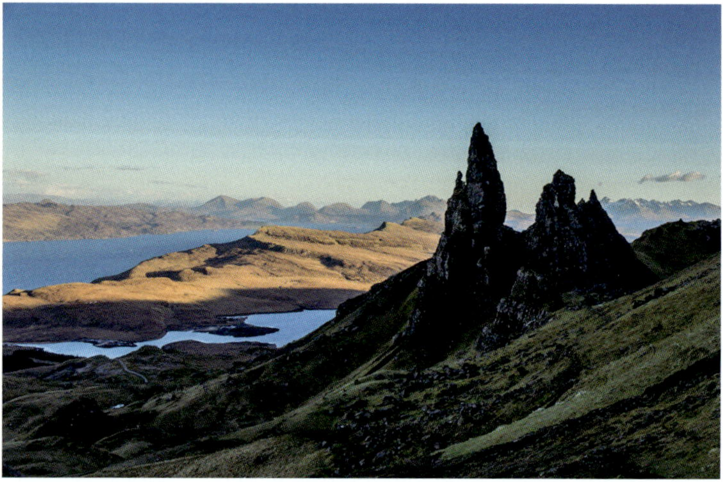

Old Man of Storr

➯ Hier können Sie auch einen kurzen Abstecher auf den Gipfel des Storr machen.

Dann steigen Sie nach rechts an der Flanke des Berges, aber oberhalb der Felsabbrüche in die nächste Senke ab.

Anschließend beginnen Sie den Aufstieg auf den zweithöchsten Gipfel der Trotternish Ridge, den Hartaval. Nachdem Sie ein paar Höhenmeter geschafft haben, nähern Sie sich der Abbruchkante zu Ihrer Rechten. Diese wird für die nächsten Kilometer Ihre Orientierung erleichtern. Sie orientieren sich immer an der Abbruchkante, haben aber die Möglichkeit, soviel Abstand zu dem Abgrund zu halten, wie Sie möchten. Es gibt keinen festgetretenen Weg, sondern Sie laufen über grasigen, manchmal etwas nassen Grund.

Der Gipfel des Hartaval ❷ ist mit einem Stein markiert. Sie folgen weiter der Abbruchkante und genießen die Ausblicke in alle Richtungen. Der Abstieg vom Hartaval ist relativ sanft, der folgende Anstieg hinauf auf eine Felswand jedoch für 600 m sehr knackig. Oberhalb der Felswand wird der Anstieg jedoch wieder etwas flacher. Kurz darauf entsteht entlang der Abbruchkante ein besserer Trampelpfad, der Sie bis zum nächsten Gipfel, dem Baca Ruadh ❸ führt.

Beim Abstieg sehen Sie vor sich eine Landzunge, die etwas nach rechts vorsteht. Sie können hier abkürzen und geradeaus weiter gehen oder natürlich der Kante folgen und den Aussichtspunkt auf dem Sgur a Mhadaidh Ruaidh noch mitnehmen. Im Anschluss folgt ein sehr steiler Aufstieg auf den Creag a' Lain, bevor das Auf und Ab etwas weniger häufig und steil wird.

Nach ca. 4,5 km steigen Sie auf den Beinn Edra ❹. Von hier kommt nun zunächst ein langer, aber nicht steiler Abstieg. Sie laufen durch eine breitere Senke immer entlang der Abbruchkante. Ca. 3,9 km nach der Gipfelmarkierung des Beinn Edra beginnt ein weiterer steiler Aufstieg zum letzten Gipfel der Route, dem Biodha Buidhe. Von hier haben Sie einen ersten Ausblick auf den Quiraing, der nun vor Ihnen liegt.

Sie steigen wieder ab und kommen bald auf einen Weg, dem Sie bis zum P Wanderparkplatz ❺ an der Straße folgen.

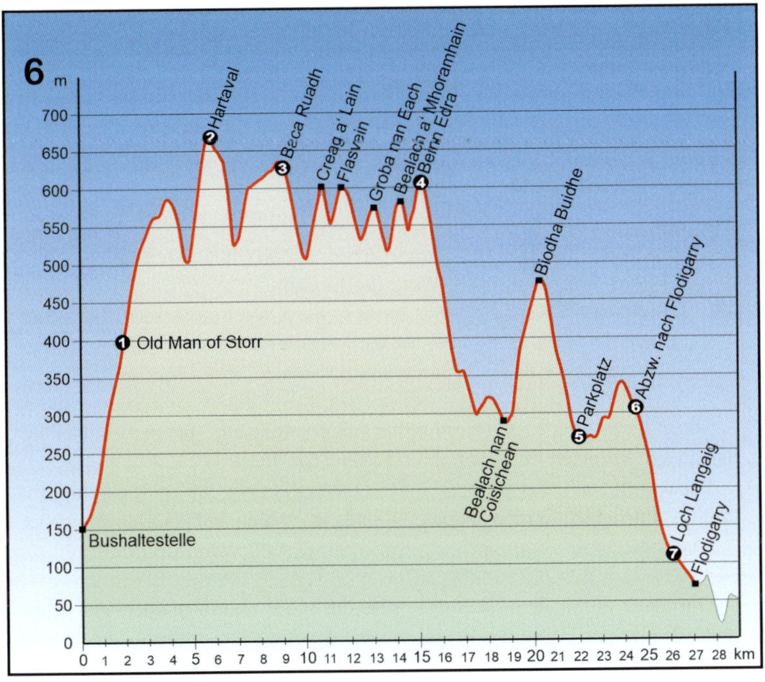

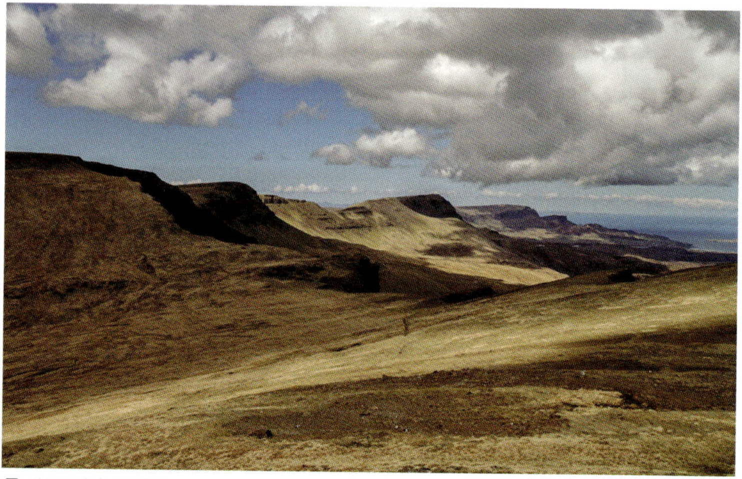

Trotternish Ridge

Von hier können Sie der Straße nach Staffin folgen (➲ 3,6 km), von wo aus Sie mit dem Bus zu Ihrer Unterkunft in Portree oder Flodigarry fahren können.

Staffin

The Telford Tearoom, Tigh Cilmartin, Staffin, IV519HY, ☏ 014 70/56 24 59, Öffnungszeiten variabel, im Winter geschlossen

Die Buslinien 57A und 57C fahren jeweils sechsmal täglich (außer sonntags) ab dem Community Center nach Portree und Uig. Die letzte Abfahrt ist um 19:10. Da sich die Abfahrtzeiten von Saison zu Saison unterscheiden, prüfen Sie diese vor Abreise.

Staffin ist ein lang gestreckter Ort am Fuß des Quiraings, bei der Community Hall finden Sie einen kleinen Shop und öffentliche Toiletten.

Bekannt ist Staffin für die fossilen Dinosaurierabdrücke, die bei Niedrigwasser am Strand gefunden werden können. Es sind die größten und jüngsten Abdrücke in Schottland.

Um weiter zu wandern, überqueren Sie die Straße und folgen dem gut sichtbaren Weg an der Flanke des Berges entlang durch die Steinformationen, für die der Quiraing so bekannt ist.

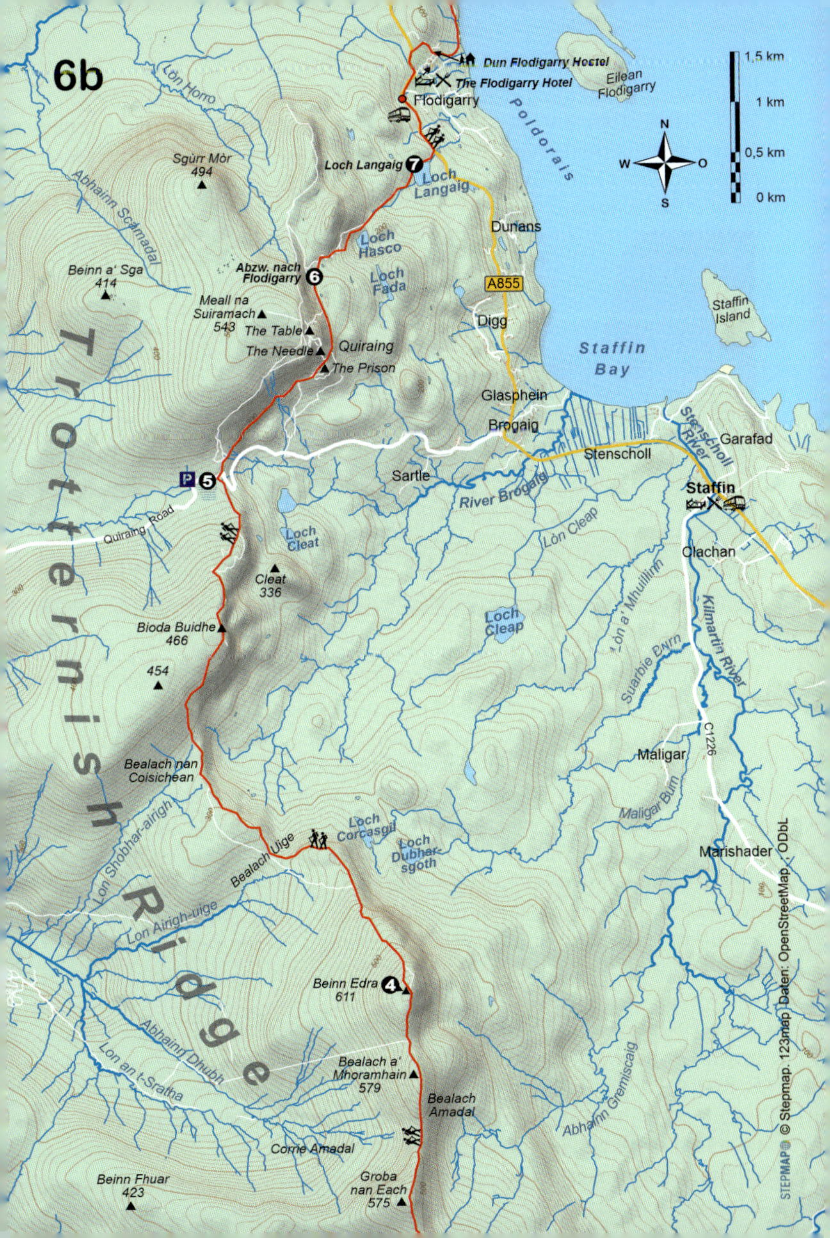

6b
Lòn Horro
Dun Flodigarry Hostel
The Flodigarry Hotel
Eilean Flodigarry
Flodigarry
Poldorais
1,5 km
1 km
0,5 km
0 km
N
W
O
S
Sgùrr Mòr
494
Abhainn Sgamadal
Loch Langaig
7
Loch Langaig
Dunans
Loch Hasco
Abzw. nach Flodigarry
6
Loch Fada
A855
Beinn a' Sga
414
Meall na Suiramach
543
The Table
The Needle
Quiraing
The Prison
Digg
Staffin Island
Staffin Bay
Glasphein
Brogaig
Garafad
Stenscholl
Stenscholl River
Sartle
P
5
River Brogaig
Staffin
Quiraing Road
Loch Cleat
Lòn Cleap
Clachan
Cleat
336
Loch Cleap
Lòn a' Mhuillinn
Bioda Buidhe
466
Kilmartin River
Suarbie Burn
454
C1226
Maligar
Trotternish Ridge
Bealach nan Coisichean
Maligar Burn
Loch Corcasgil
Loch Dubhar-sgoth
Lon Shobhar-airigh
Bealach Uige
Marishader
Lon Airigh-uige
Beinn Edra
611
4
Abhainn Dhubh
Bealach a' Mhoramhain
579
Lon an t-Sratha
Bealach Amadal
Abhainn Gremiscaig
Coire Amadal
Beinn Fhuar
423
Groba nan Each
575
© Stepmap. 123map Daten: OpenStreetMap · ODbL
STEPMAP

Hier ist es sehr oft sehr windig. Der Wind kann schnell die Richtung ändern und in Böen kommen. Gehen Sie daher entsprechend achtsam.

Weg in den Quiraing

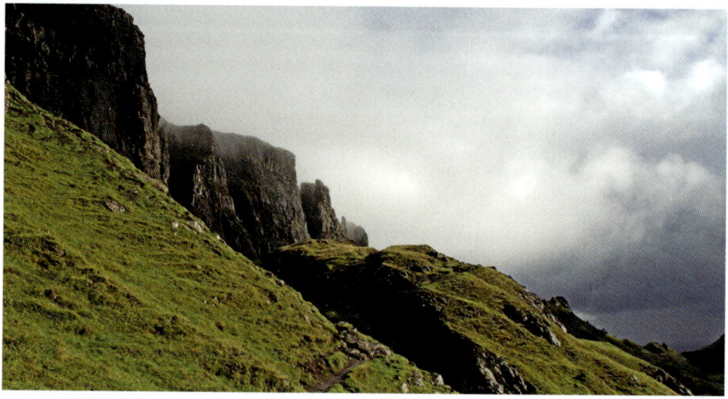

Sie halten sich auf dem Weg am Fuße des Steilhanges. Der Weg ist recht uneben und wird zunehmend felsiger. Nach 1 km steigen Sie über Felsen ein kleines Stück ab und überqueren in einer Felsspalte einen Bach.

Danach ist der Weg etwas schmaler, immer wieder gibt es kleine Auswaschungen, die sich zum Passierenlassen von entgegenkommenden Wanderinnen und Wanderern gut eignen. Weiter an der Bergflanke entlang wandern Sie bald zwischen der steil aufragenden Felswand und einem etwas vorstehenden Berg (The Prison) hindurch. Hier steigen Sie über etwas Schotter auf und kommen an einem großen Steinhaufen vorbei. Der Weg wird wieder etwas ebener und Sie übersteigen einen *stile*, bevor Sie direkt unter einem Felsen dem Pfad nach links folgen. Unter sich sehen Sie einige Tümpel in den grasigen Wiesen, bevor Sie vor einem quer verlaufenden Bergrücken eine mit Steinhaufen markierte Kreuzung erreichen ❻.

Hier biegen Sie rechts ab. Der Weg führt nun mal mehr, mal weniger steil bergab, ist aber durchgehend gut zu erkennen. Unter sich sehen Sie bald den Loch Hasco und halten sich etwas oberhalb links von diesem See. Sie kommen an einen weiteren *stile*, den Sie übersteigen und wandern dann eher gemütlich am Loch Langaig ❼ bis zur Straße.

Sie folgen der Straße nach links und gelangen nach Flodigarry.

Flodigarry

The Flodigarry Hotel, Flodigarry, Isle of Skye, IV51 9HZ, ☏ 014 70/55 22 03, https://www.hotelintheskye.co.uk, info@flodigarry.co.uk, ganzjährig, ÜF ab £ 235 im DZ, @, 300 m vom Skye Trail, im hauseigenen Skye Restaurant bekommen Sie gehobene Mehr-Gänge-Menüs aus lokalen und saisonalen Zutaten. Sie können das Abendessen schon bei der Buchung des Zimmers mit buchen, Frühstück 7:30 bis 10:00, Abendessen 18:30 bis 21:00

Dun Flodigarry Hostel, Flodigarry, Isle of Skye, IV51 9HZ, ☏ 014 70/55 22 12, https://flodigarry-hostel.scot/, info@flodigarry-hostel.scot, ganzjährig, Ü £ 20 pro Person im MBZ, £ 48 im DZ mit geteiltem Bad, £ 55 im DZ, £ 12 auf der Zeltwiese (Gemeinschaftseinrichtungen wie Küche, Aufenthaltsraum und Bäder dürfen mitgenutzt werden), @, , , (im Zelt), am Weg (☞ Wegbeschreibung 7. Etappe)

Auch in Flodigarry halten die Buslinien 57A und 57C jeweils sechsmal täglich (außer sonntags). Die letzte Abfahrt ist um 19:00.

Flodigarry ist eine weitere kleine, weit verstreute Siedlung im Nordosten Skyes. Neben einigen kleineren Unterkünften und einem Hostel mit Campingplatz (Campinggäste dürfen die Küche mitbenutzen) gibt es hier das bekannte Flodigarry Hotel mit dem SKYE Restaurant. Im Hotel kann man auch in einem der sogenannten Flora McDonald Cottage Rooms übernachten.

Flora McDonald und Bonnie Prince Charlie

Flora McDonald ist eine der Heldinnen der schottischen Geschichte. Nach dem Desaster in Culloden und der damit einhergehenden Niederschlagung des Jakobitenaufstandes war Bonnie Prince Charlie auf der Flucht vor den Truppen der englischen Krone. Er befand sich auf den Äußeren Hebriden, lief aber Gefahr, dort gefangen genommen zu werden, und so engagierte er die dort lebende Flora, um ihm die Überfahrt auf die Isle of Skye zu organisieren. Dies gelang mit Hilfe von viel Glück und Flora konnte ihn bis Portree begleiten. Dort trennten sich ihre Wege und während der Prinz nach einiger Zeit tatsächlich nach Frankreich fliehen konnte, wurde Flora verhaftet und schließlich in den Tower of London gebracht.

Sie kam jedoch wieder frei, ging zurück auf die Isle of Skye, heiratete dort und lebte zunächst in Flodigarry. Dann wanderte Sie nach North Carolina aus, kam zurück und lebte schließlich bis zu ihrem Tod auf Skye. Ihr Grab kann auf dem Friedhof von Kilmuir im Norden von Skye besucht werden.

7. Etappe: Flodigarry – Rubha Hunish/Duntulm

11,9 km, 3 Std. 30 Min, 376 m, 404 m, 4-127 m

0,0 km	71 m	Flodigarry
0,8 km	59 m	Dun Flodigarry Hostel
2,5 km	44 m	Furt oberhalb des Wasserfalls
4,0 km	103 m	alte Radarstation
5,6 km	13 m	Zufahrtsstraße zum weißen Haus
6,5 km	15 m	Abzweig zum Kilmaluarg Old Churchyard/Cemetary
9,4 km	127 m	Lookout Bothy ☒
11,9 km	43 m	Rubha Hunish/Duntulm

Auf dieser Etappe wandern Sie entlang der Küstenlinie zum nördlichsten Punkt der Insel Skye: Rubha Hunish. Bereits auf dem Weg genießen Sie grandiose Ausblicke entlang der Steilküste, die von der Aussicht an der Lookout Bothy bei gutem Wetter noch getoppt werden.

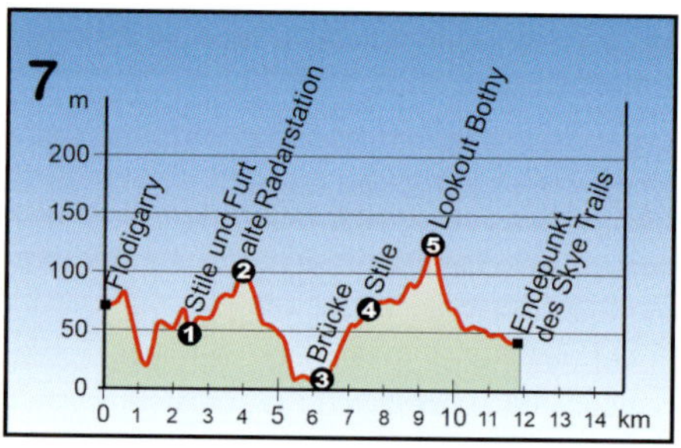

Sie folgen der A855 nach Norden bis zum Abzweig zum Dun Flodigarry Hostel. Hier biegen Sie rechts ab und folgen der Straße bis zum Hostel. Dort folgen Sie dem Schild „No Through Road" zwischen den beiden Häusern hindurch und gelangen so auf den Vorplatz der Herberge. Genau gegenüber der Eingangstür führt ein Pfad mit dem Schild „Coastal Path" weiter runter zur Küste. Zunächst steigen Sie ein paar einfache Steinstufen hinunter und folgen dann dem Trampelpfad durch eine eher matschige Wiese. Sie halten sich links und folgen auf einem kleinen Plateau etwas über Meereshöhe dem Trampelpfad. Bald nähert sich diese erste Stufe der Steilküste einer höheren Steilwand, die Sie in einer Rinne erklimmen. Der Weg ist hier steil, oben müssen Sie über einen Tritt über den Zaun steigen. Der Pfad ist weiterhin gut zu erkennen und folgt immer der Küstenlinie und dem gerade überstiegenen Zaun. 1,7 km

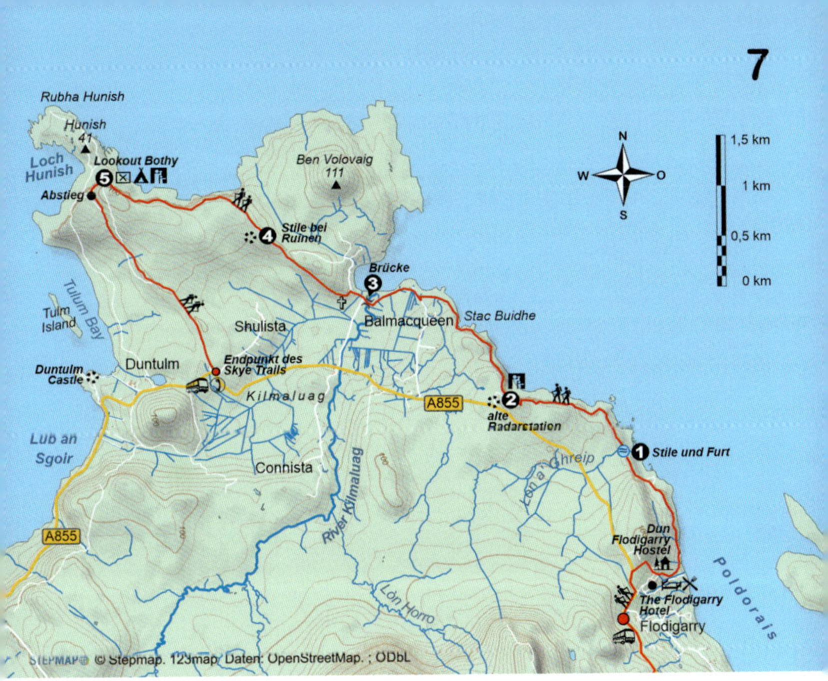

nach dem Hostel erreichen Sie einen Zaun mit einem größeren Fluss dahinter ❶. Den Zaun können Sie über steinerne Stufen übersteigen, den Fluss queren Sie hier kurz oberhalb des Wasserfalls auf Trittsteinen.

☝ Achtung: Bei höheren Wasserständen ist es nicht möglich, hier zu furten. Da der Fluss hier die Steilküste hinabstürzt, gehen Sie keine Risiken ein! Bei hohem Wasserstand folgen Sie dem Zaun auf der linken Seite weglos an dem weißen Häuschen vorbei. Hier steigen Sie über den Zaun und folgen der Straße nach rechts. Diese überquert den Fluss auf einer sicheren Brücke. Danach folgen Sie wieder dem Zaun und gehen außen um das eingezäunte Areal herum. Auf einem kleinen Trampelpfad erreichen Sie so wieder den größeren Trampelpfad an der Steilküste.

Nach Überquerung des Flusses folgen Sie dem Zaun und bleiben zwischen diesem und der Abbruchkante der Küste. Hier gibt es immer wieder Abschnitte, die Sie auch recht dicht an die Kante führen, oft ist es aber möglich, einfach vom

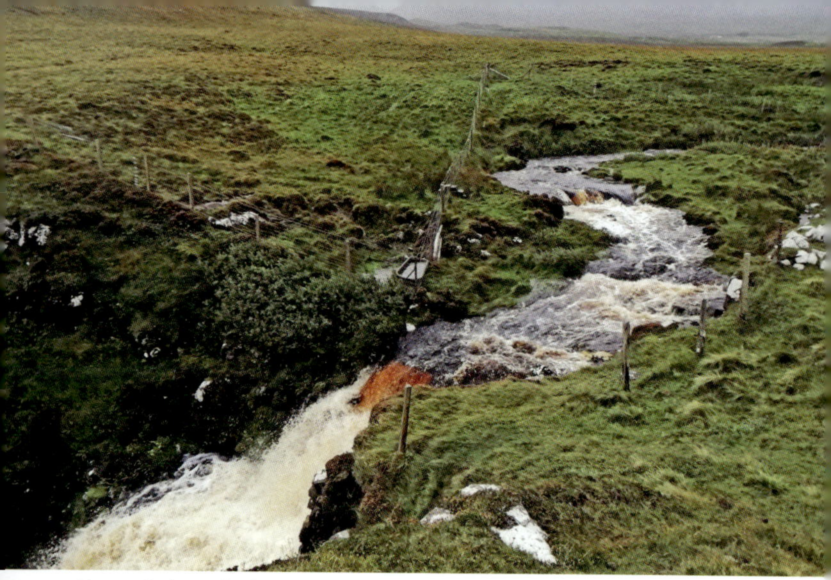

Unpassierbare Furt

Pfad abzuweichen und etwas mehr Abstand zu halten. Dort, wo der Zaun nach links abbiegt, bleiben Sie an der Steilküste und folgen den Überresten eines alten Zaunes einen Hügel hinauf zu einer Ruine. Im Gegensatz zu den meisten anderen Ruinen ist diese nicht sonderlich alt, sondern lediglich die Außenmauer einer ehemaligen Radarstation ❷ aus den 40er-Jahren. Die Mauern bilden einen guten Wetter- und Windschutz und die Aussicht bietet sich für eine Rast an ⛺.

Der Trampelpfad läuft etwas unterhalb der Ruine rechts weiter entlang der Küstenlinie und senkt sich mit dieser langsam zu einem Felsenstrand ab. Hier verliert sich der Pfad etwas, Sie klettern über die Felsen und kommen an einen Bach, der hier über die Felsen ins Meer fließt. Diesen überqueren Sie. Bei Hochwasser folgen Sie ihm etwas aufwärts und queren den Bach weiter oben.

Auf der anderen Seite überqueren Sie die Wiese und halten auf das weiße Haus zu. Ziemlich in der Ecke des Zaunes übersteigen Sie diesen über einen *stile* und kommen auf die Zufahrtsstraße zu dem weißen Haus. Kurz vor der Hofeinfahrt geht links der Pfad am Zaun entlang bis zu einem weiteren Übertritt. Sie überqueren hier den Zaun und gehen zwischen der Ruine und dem Haus entlang. Nach der Ruine wendet sich der Pfad nach links und Sie folgen dem gut zu erkennenden Weg entlang eines weiteren Baches. Etwas weiter entlang des Pfades sehen Sie einen hölzernen Pfosten mit einem grünen Pfeil, der schräg nach rechts weist. Ein weiterer Pfosten weist den Weg zu einer Brücke ❸ über den nächsten Fluss. Von der Brücke aus erreichen Sie schnell ein Tor, durch das Sie wieder auf eine schmale Straße kommen. Zwischen den Häusern hindurch laufen Sie rechts entlang der Straße und biegen etwas oberhalb der Häuser nach links in den Fahrweg zum Friedhof (Cemetary) ab. Nach 140 m liegt links unter Ihnen der malerische Kilmaluarg Old Churchyard mit den Überresten einer alten Kapelle. Dahinter kommt ein Stück moderner Friedhof und die Straße endet.

Rechts etwas oberhalb geht allerdings eine Fahrspur weiter, Sie durchqueren auf dieser ein Tor und folgen ihr weiter. Nach 675 m steigen Sie rechts den Hügel hinauf, hier sehen Sie wieder Holzpfosten mit Pfeil als Wegweiser, die über die Wiesen führen. Sie übersteigen einen Zaun kurz oberhalb der Reste eines alten Crofts, etwas später einen weiteren *stile* ❹, der ebenfalls mit dem grünen Pfeil markiert ist, und kommen bald auf Heideflächen. Der Pfad führt Sie wieder an die Steilküste heran und Sie folgen dieser bergauf. Sie kommen durch eine Senke und steigen auf einem sehr ausgewaschenen Pfad direkt am Zaun entlang der Steilküste wieder auf. Der Pfad wird etwas matschiger, Sie folgen ihm aber immer weiter und kommen so direkt an die ☒ Lookout Bothy ⛺ 🚻 ❺. Damit haben Sie den nördlichsten Punkt des Skye Trail erreicht.

Lookout Bothy

Lookout Bothy

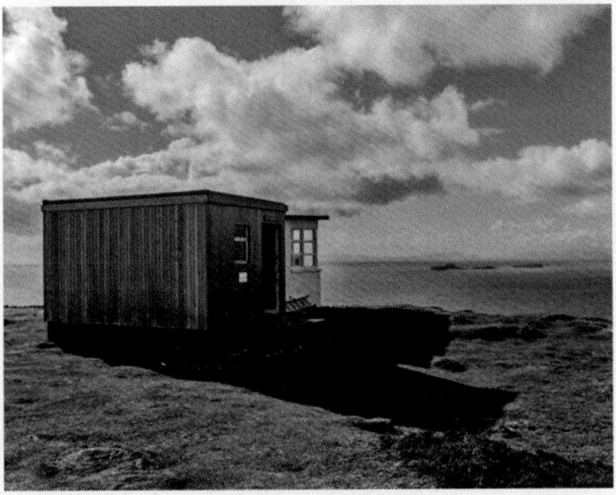

Diese Schutzhütte der Mountain Bothy Association liegt spektakulär auf einer Klippe über der Steilküste am nördlichsten Ende der Isle of Skye. Die kleine Hütte mit einem Schlafraum und einem Raum mit drei Fensterseiten bietet einen guten Ausblick entlang der gesamten Küstenlinie, da sie früher einmal der Küstenwache als Aussichtspunkt diente. Von hier können besonders im Spätsommer oft Delfine, Wale und manchmal sogar Walhaie beobachtet werden, ein Fernglas ist in der Hütte zu finden. Insgesamt ist hier jedoch wenig Platz, es gibt lediglich zwei Schlafpritschen.

Abstieg auf Rubha Hunish

Um auf die vorgelagerte Halbinsel Rubha Hunish zu gelangen, folgen Sie dem Trampelpfad an der Hütte vorbei. Sie kommen in eine Senke und halten sich immer rechts am Zaun entlang. Über einige steile Felspassagen steigen Sie die Steilküste herunter und können die flache Halbinsel erkunden.

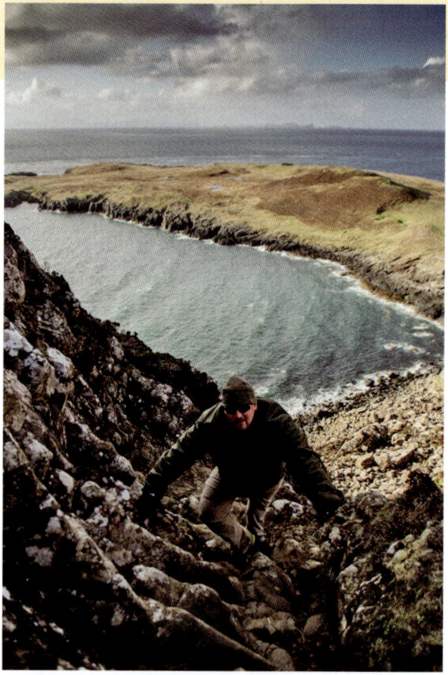

Abstieg nach Rubha Hunish

Von der Hütte führen zwei gut erkennbare Wege zur Straße bei Duntulm. Entweder nehmen Sie den Weg, der direkt von der Hütte in südlicher Richtung führt oder Sie nehmen den Pfad, der in der Senke beim Abstieg zu Rhuba Hunish nach Süden führt. Beide Wege sind breit und gut zu erkennen. Auf der rechten Seite sehen Sie entlang einer Mauer die Reste der Grundmauern von Erisco, einer kleinen Ansammlung von Crofts, und auf einer kleinen Anhöhe über dem Meer die Reste des Duntulm Castles.

Duntulm Castle

Obwohl vom Duntulm Castle nur noch wenige Überreste erhalten sind, ist es ein imposanter Anblick, wie es auf seiner vorgelagerten Landzunge liegt. Zwar kann man die Ruine auch direkt besuchen (ab der Straße in Duntulm), aber die Gemäuer sind sehr einsturzgefährdet und es wird vor dem Betreten gewarnt. Zu sehen sind noch die letzten Reste eines Turmes und eines gewölbten Kellers aus dem 15. Jahrhundert und einiger Mauern aus dem 17. Jahrhundert, die einen Innenhof umschließen. Die Geschichten zu dieser Ruine sind allerdings sehr interessant.

Bereits in der Eisenzeit soll hier ein sogenanntes Dun gestanden haben, das dann aufgrund seiner hervorragenden Lage von den Wikingern weiter befestigt wurde. Die älteren Teile der Ruine stammen wohl aus der Zeit, in der die MacLeods hier die Herrschaft hatten. Anschließend wurde die Burg von den MacDonalds bewohnt, die später dann das Armadale Castle im Süden von Skye nutzten. Um 1540 soll James V. dem Schloss einen Besuch abgestattet haben.

Während der langen Zeit, in der das Schloss bewohnt war, gab es einige Ereignisse, die die Ruinen heute noch heimsuchen sollen: So wurde hier Hugh MacDonald eingesperrt, weil er versucht hatte, durch Mord an Verwandten zu mehr Land zu kommen. Ihm wurde nur gepökeltes Fleisch, aber kein Wasser gegeben, sodass er elendig verdurstete, und sein gequältes Stöhnen soll heute noch zu hören sein. Eine andere Geistergeschichte des Schlosses ist die von Margaret MacLeod, die mit einem der MacDonalds verheiratet war, jedoch bei einem Unfall ein Auge verlor und darum von ihrem Ehemann auf einem einäugigen Pferd mit einem einäugigen Hund und einem einäugigen Diener weggeschickt wurde. Schließlich gibt es noch die Geschichte von dem Kindermädchen, das einen Sohn des Clanchiefs aus Versehen aus dem Fenster hat fallen lassen und als Strafe getötet wurde. Das Schluchzen und Schreien der beiden Frauen wird ebenfalls noch heute in der Ruine gehört.

Telefonzelle am Ende des Skye Trail

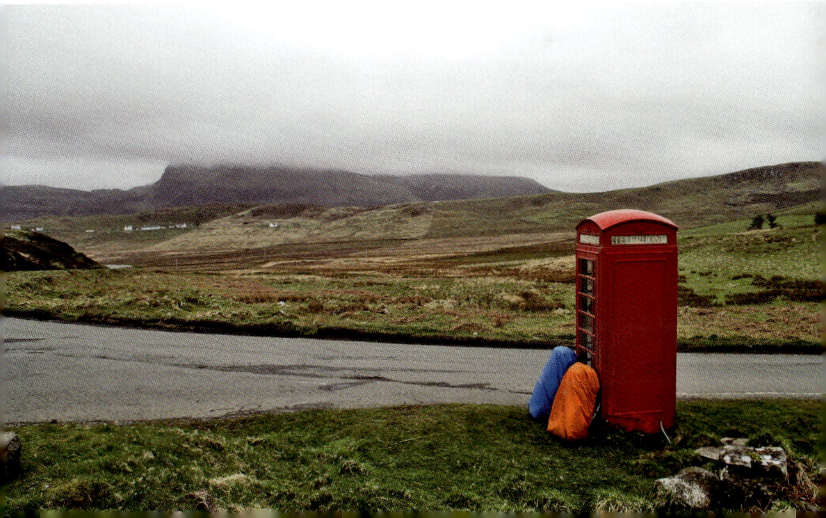

Nach 2,5 km ab der Hütte führt der Weg durch ein Gatter auf eine kleine Straße, der Sie am Parkplatz vorbei nach rechts folgen. An der nächsten Kreuzung steht eine rote Telefonzelle, die auch noch in Betrieb ist. Hier haben Sie den Endpunkt des Skye Trail erreicht. Obwohl es hier keine offizielle Bushaltestelle gibt, können Sie mit dem Bus nach Uig oder Portree fahren, signalisieren Sie einfach dem ankommenden Bus, dass Sie einsteigen möchten.

Duntulm

Die Buslinien 57A und 57C fahren montags bis samstags sechsmal am Tag von Duntulm ab. Die späteste Abfahrzeit ist um ca. 18:45 und benötigt ca. eine Stunde bis nach Portree. Da die Abfahrten sich saisonbedingt ändern können, prüfen Sie die aktuellen Fahrzeiten bitte vor Abreise.

Die kleine, aber weitläufige Siedlung rund ums Duntulm Castle besteht aus einigen Wohnhäusern und einigen Cottages, die früher von der Küstenwache genutzt wurden und heute wochenweise als Selbstversorgerunterkunft gemietet werden können. Es ist die nördlichste Siedlung auf der Isle of Skye. Abgesehen von der Ruine des Duntulm Castles ist der Ort hauptsächlich durch die Lage an der A855 interessant, da hier der Bus nach Uig und Portree durchfährt.

Ratgeber aus dem Conrad Stein Verlag

Kochen aus Rucksack und Packtasche

Nicola Boll
OutdoorHandbuch Band 8
Basiswissen für draußen
128 Seiten ▸ 48 farbige Abbildungen

ISBN 978-3-86686-693-5

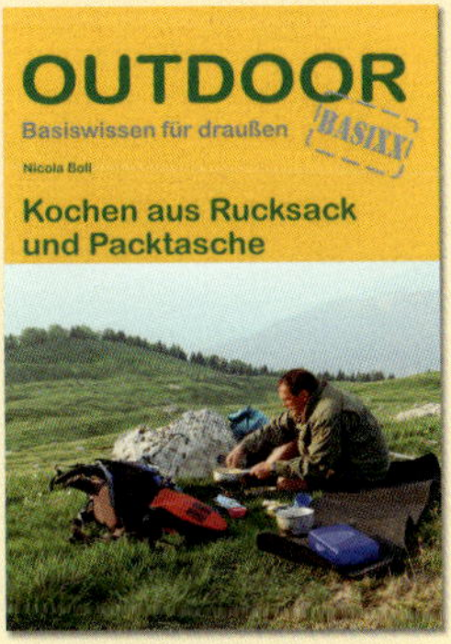

>> **Jungscharhelfer-Jahrbuch:** „*Angefangen von den wichtigsten Nährwerten (...), welche Nahrungsmittel für unterwegs besonders geeignet sind und wie sie sinnvoll verpackt werden können, bis zum benötigten Zubehör gibt es jede Menge gute Hinweise.*"

Wetter

Michael Hodgson & Meeno Schrader
OutdoorHandbuch Band 13
Basiswissen für draußen
96 Seiten
36 Skizzen und 21 Illustrationen

ISBN 978-3-86686-013-1

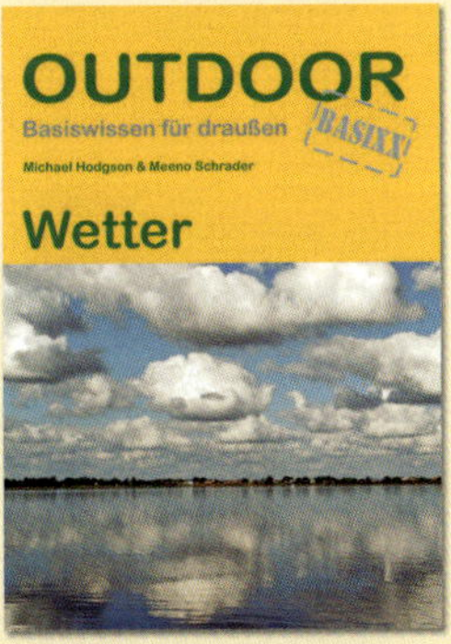

>> **Schwaben Alpin:** „*Wettervorhersagebücher gibt es ja viele. Nicht viele allerdings sind so klein und handlich wie dieses (...) aber trotzdem alles in sich trägt, was Otto Normal-Outdoorer so wissen muss, um die Wetterentwicklung einschätzen zu können.*"

GPS Grundlagen · Tourenplanung · Navigation

Michael Hennemann
OutdoorHandbuch Band 375
Basiswissen für draußen
160 Seiten ▸ 277 farbige Abbildungen

ISBN 978-3-86686-495-5

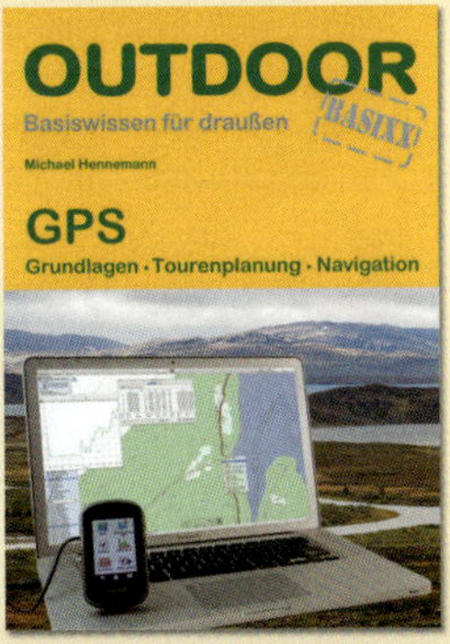

>> **Wienerland:** „*Ein topaktuelles Handbuch, das kompetent GPS-Anfänger wie Fortgeschrittene informiert.*"

Index

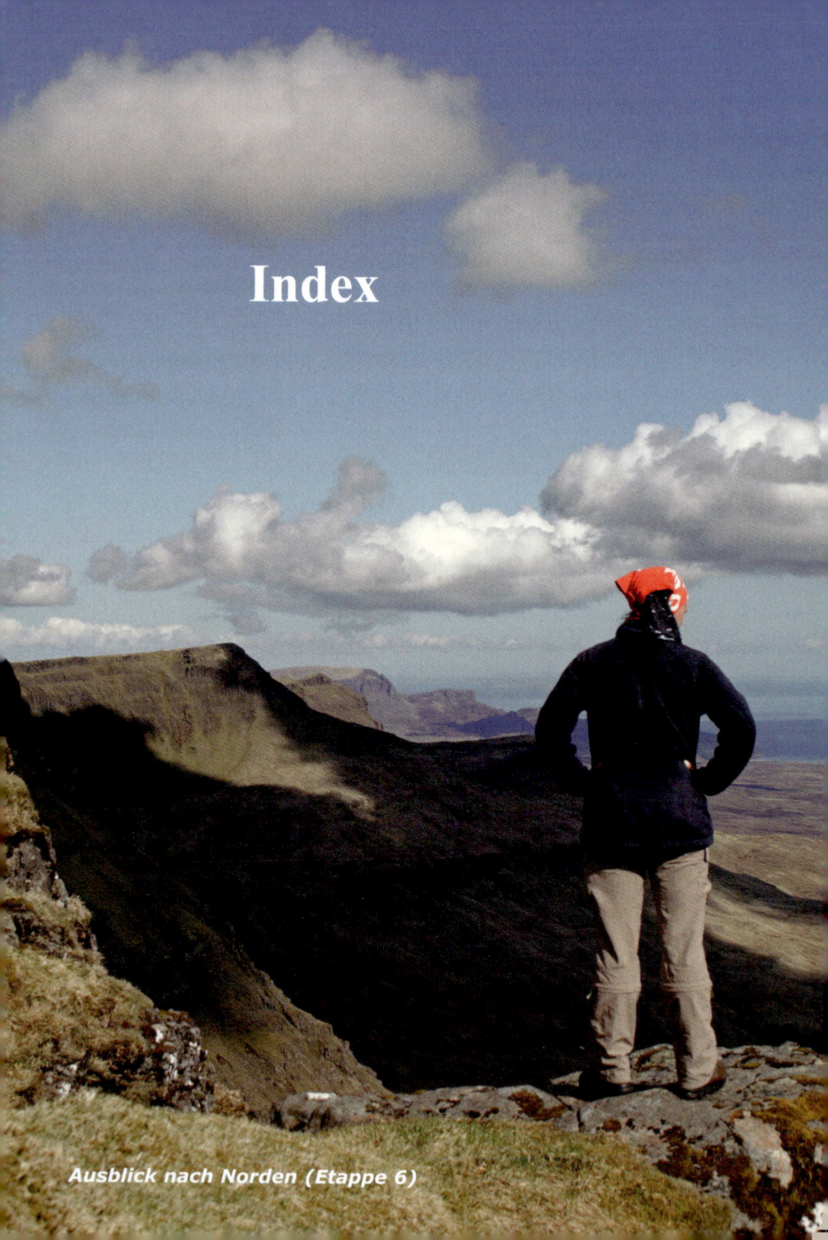

Ausblick nach Norden (Etappe 6)